ECOLOGICAL

エコロジカル・アプローチ

APPROACH

欧州最先端の
ポルト大学で学んだ
サッカーコーチ
植田文也

footballista

「教える」と「学ぶ」の価値観が劇的に変わる新しい運動学習の理論と実践

JN084742

ECOLOGICAL
APPROACH

はじめに――なぜ、エコロジカル・アプローチが必要なのか？

本書のタイトルに謳っている「エコロジカル・アプローチ」は、読者の皆様にはまだ耳慣れない言葉でしょう。単刀直入に申し上げます。エコロジカル・アプローチという「運動学習・スキル習得」理論は、これからのスポーツ指導のあり方を、ひいては教育のあり方すら劇的に変えていく可能性を秘めた、指導実践や学習実践の強力な手引きとなるものです。

タイトルに惹かれて、本書をお手に取られているのは、サッカーをはじめとするスポーツ指導者の皆様や、もしかすると教育関係者の皆様かもしれません。本書がスポーツ選手を指導していく、あるいは子供たちを教育していく姿勢、スタンスを根本から見直すきっかけとなれば、それに勝る喜びはありません。

本題に入る前に、少しだけ本書が誕生した経緯に触れさせていただきます。

筆者もサッカーコーチの一人です。あらゆる育成年代のコーチを務めながら、スポーツ科学系の大学院に通い、本書のテーマである「運動学習・スキル習得」理論（この先は「運動学習理論」と表記します）を学びました。

後から振り返れば、当時の筆者が学んでいたのはエコロジカル・アプローチとは明らかに異なる、スポーツ選手一人ひとりの違いを考慮に入れない、伝統的アプローチの手法でした。万人にとって最適な教え方があるという前提で、いかに運動を学習させ、いかにスキルを習得させるかという研究が、日本では主流になっていたのです。そうした指導のあり方を、ここでは「規定的な指導」と表現しておきます。

規定的な指導に違和感を覚え、限界を感じた筆者は、スポーツ指導の分野で先進的なポルトガルのポルト大学に留学する道を選びます。そこで出会ったのが、エコロジカル・アプローチという運動学習理論でした。

この運動学習理論で語られているのは、筆者がそれまで学んできた伝統的アプローチとは大きく異なる、時として180度異なる真逆の主張でした。

運動学習理論とは、人の運動行動がどのように行われているか、どのように学習されていくか、それらを科学的に分析し、仕組みを解き明していくものです。

伝統的な運動学習理論は、人をコンピューター（脳）+機械（身体）のような存在だと見積もります。その上でトレーニングを通じて脳内に運動プログラムが記憶・蓄積されていくことが人の運動学習だとして、学習はトレーニング時間に比例して進むものだと主張します。10練習したら10学習する、という主張です。

一方、１９８０年代頃から人の運動学習はそのような「線形的な」プロセスではないとする趣旨の報告が相次ぎます。運動学習の進み方を線にして描くと、右肩上がりに直線的に学習していくのではなく、急激に学習が進む過程があり、停滞する過程もあり、落ち込む過程もあるという「非線形的な」プロセスであることが明らかになってきたのです。

こうした研究を受け、人の運動学習はある種の「制約」に対する適応、つまりは相転移現象であると考えるエコロジカル・アプローチの学説が登場します。

相転移とは、例えば水を温めたら１００℃を境界線として水蒸気になるように、一気に状態（位相）が変化する現象です。そして、水に対する温度のように、運動に関してもそれに関わる重要なパラメーター（制約）を操作することで、ある運動が突如として現れる相転移現象こそが運動学習であると考えられるようになりました。

一例を挙げると、人がスキップという動作をできるようになる過程です。動作のテンポを速くする、あるいは遅くすると、突如スキップできるようになります。この場合はテンポが、操作する制約です。

このようにエコロジカル・アプローチは、人を機械仕掛けの存在ではなく、水と同じように周囲の環境に柔軟に適応する複雑なシステムと見なします。少し難しい言葉で表現すると「適応的複雑系」の存在です。

エコロジカル・アプローチという運動学習理論は、人の運動学習を周囲の環境にドラスティックに適応する現象として捉え直し、学習がなぜ非線形で進んでいくかを説明しています。

人をどのような存在と見積もるかで運動学習の理論が変わるように、人を水のような適応的複雑系の存在と見なすと具体的な指導方法も変わります。伝統的アプローチでは、コーチが正しい運動を言葉で規定する言語的な指導によって学習を導きます。一方、エコロジカル・アプローチでは運動を引き出す重要な制約を練習環境に設けます。具体的には「使用する用具」「コートサイズ」「人数比率」「ゴール方式」「その他のルール」などが設ける制約です。こうした制約を巧みに操作することで、人の適応行動としての運動学習を引き出します。

学習を主導するのは、コーチによる言語的・規定的指導ではありません。練習環境にデザインする用具やルールなどの制約です。運動学習理論であるエコロジカル・アプローチを具体的なコーチングメソッドに還元する手法は、「制約主導アプローチ」と呼ばれています。分かりやすく表現すると、エコロジカル・アプローチが理論で、制約主導アプローチが実践メソッドです。

近年、とりわけ欧米諸国でエコロジカル・アプローチや制約主導アプローチが注目されている理由は、実証研究によって明らかになってきた学習効果の高さにあります。多くの研究で、伝統的アプローチを凌ぐ学習パフォーマンスを見せているのです。

そうした実証研究の後押しもあり、エコロジカル・アプローチと制約主導アプローチは、サッカーのエリートクラブだけでなく、あらゆるオリンピック競技の指導や、各国スポーツ協会での指導者育成プログラム、タレント開発プログラムなどに波及的な広がりを見せています。この流れは今後、加速度的に広がっていくと考えられます。

ポルト大学に留学し、エコロジカル・アプローチに出会った筆者は、この理論の説得力の強さに驚かされました。ただ驚かされただけでなく、人のスキル習得や集団戦術に関する見方が劇的に変わり、スポーツ指導全般への根本的な姿勢すら変わっていくのです。

何よりも驚いたのは、エコロジカル・アプローチという理論の汎用性です。この理論をしっかり理解することで、気づけば戦術的ピリオダイゼーション理論や、その他のトレーニング理論への理解が深まっていたのです。

このような個人的な経験もあり、エコロジカル・アプローチは、あらゆる指導メソッドやトレーニング理論を学んでいくための土台となる理論だと筆者は捉えています。もっと言えば、スポーツ指導のあらゆる領域に携わる方々が学ぶべき基礎教養的な学問であるとも感じています。

エコロジカル・アプローチという理論を学んだ上で、日本のスポーツ指導に目を向けると、依然としてコーチが指導の中心にいて、正しい運動を言葉で規定する伝統的なアプローチが主流のままのようです。エコロジカル・アプローチという運動学習理論で解明されたスキル習得の仕組みを無視した、前例を踏襲しただけの指導も散見されます。

そもそも日本のコーチたちは、エコロジカル・アプローチに限らず、運動学習理論そのものを学ぶ機会が少ないのではないでしょうか。多くの指導者は自身の専門競技に関する知識は豊富に持っていても、人がどのようにスキルを習得していくか、その基礎的な知識を持たずに指導にあたっている実態が少なからずあるのではないかと想像しています。

筆者自身はポルト大学への留学以降、伝統的アプローチからエコロジカル・アプローチへと指導の根本にある理論を転換した一人です。本書を執筆した一番の動機は、多くの日本の指導者にエコロジカル・アプローチという斬新でありながら本質的な理論による深い洞察を感じ取っていただき、さらには実際の指導に活用していただいて、選手のパフォーマンスをこんなに飛躍的に向上させられるのだと実感してほしいと思ったことでした。

筆者が実際にエコロジカル・アプローチを学んでみてよく分かったことですが、この運動学習理論は率直に言えば難解です。たしかに難解ではあるのですが、その奥義を学び、実践していくことに千金の価値があるということもよく分かりました。だからこそ、制約主導アプローチを含めて、その奥義や実践法をできるだけ噛み砕いて伝える入門書であり、できるだけ分かりやすく伝える解説書という位置づけの本書を、日本語でお伝えできる大きな意義を感じています。

本書は全4章の構成としています。

エコロジカル・アプローチという理論そのものは難解です。ただし、結論は単純で、「制約主導アプローチを実践すべき」というその一言にまとめられます。

制約主導アプローチの具体例を知りたい読者の皆様は、第2章から読み進めていただいても構いません。指導者がどのようなことに留意すればよいか、まとめてあります。

なぜ、「制約主導アプローチを実践すべき」という結論が得られるか、興味を持たれる読者も少なくないでしょう。そこでエコロジカル・アプローチという理論について概説する第1章を設けました。理屈を知っていると、実践する際の説得力が高まります。

第3章は、制約主導アプローチの対象を、スポーツ選手個人からスポーツチーム全体に拡大します。一人のスポーツ選手が筋肉や関節に協調的な関係、つまりコーディネーションパターンを形成していくことは、スポーツチームが選手間に対人的なコーディネーションパターンを形成していくことと類似した性質を持っています。第3章では、チームが対人コーディネーションをいかにして学習していくか、そのために「ゲームモデル」をどのように制約として用いるか、詳しく解説していきます。

第4章は、より長い時間スケールでのタレント開発に着目し、エコロジカル・アプローチの関連領域である「アスレチック・スキルズ・モデル」のスポーツ教育に関する知見を紹介していきます。アスレチック・スキルズ・モデルは、オランダ発のタレント開発プログラムで、様々な競技のトップアスリートがどのようなプロセスを経てエリートレベルまで到達しているか、分析・研究する学問領域です。

いくつか、あらかじめお断りしておきます。

筆者の経験によると、エコロジカル・アプローチには、それを単体で学習しても理解しにくい部分があります。そこで、全章を通じて日本では主流となっている伝統的アプローチと適宜対比する構成を採用しています。

本書は可能な限り平易に、エコロジカル・アプローチを噛み砕いて解説することを目的としています。そのため、理論の難解な部分のいくつかは割愛させていただきました。ただ、どうしても省略できないと判断した話は、「補足コラム」という形にして要約して記載しています。ここは読み飛ばされても、全体の趣旨は把握できるような作りとしています。

エコロジカル・アプローチには、今日的なトピックスである「ゲームモデル」「原理原則」「プレーの自動化」「言語化」「一貫指導」「タレント開発」などに新しい解釈を与えてくれる側面もあります。本書でも、これらのトピックスに触れています。

筆者自身はサッカーの指導者ですので、サッカー指導に関する言及が多くなりましたが、そもそもエコロジカル・アプローチという理論も、制約主導アプローチという実践も、競技を問わずに活用していけるものです。さらに言えばスポーツに留まらず、楽器の演奏や、包丁の使い方までスキル全般を対象としています。

本書では、サッカー以外の競技における研究や指導法も取り上げています。制約主導アプローチを実践していく際に、他の競技ではどのような問題が発生し、他の競技の指導者はどのように対処しているか、別の角度からヒントを与えてくれます。ぜひ、参考にしてください。

エコロジカル・アプローチと制約主導アプローチについての、スポーツ指導という領域では日本初の入門書であり解説書でもある本書を、ぜひサッカー指導者だけでなく、様々な競技のスポーツ指導者、スポーツトレーナー、体育教師の皆様などに手に取っていただければ幸いです。

目次

第2章 実践法としての制約主導アプローチ――トレーニングアイディアを考える

第3章 制約としてのゲームモデルを使ったチーム戦術への転用──グローカル＝双方向型のチーム作り

第4章 ストリートサッカーは自然な制約主導アプローチである

補足コラム

第1章

人はどう学ぶのか——

エコロジカル・アプローチとは何か？

エコロジカル・アプローチとは何か？

エコロジカル・アプローチとは、どのような運動学習理論なのでしょうか？　理解を容易にしてくれるのが、伝統的アプローチとの比較です。

伝統的アプローチは、人の運動を分析するときに、脳がどのように認知し、判断し、身体に指令を出すかというプロセスに着目します。運動する主体は人なので、人の運動を分析するときは、人そのものを主要な分析対象としているわけです。

これに対してエコロジカル・アプローチは、人と環境の相互作用の中にスキルが存在すると考えます。ちなみにこの運動学習理論は、イングランドのシェフィールド・ハラム大学で運動学習理論の教授を務めるキース・デイビッズが、今から35年ほど前の１９８０年代後半に提唱しはじめた、伝統的な運動学習理論とはまったく違った角度から人の運動を分析し、スキル習得に役立てる新しい運動学習理論です。現在はヨーロッパ、北米、オセアニア、シンガポールなどで盛んに研究されています。

エコロジカル・アプローチは、人と環境の相互作用の中にスキルが存在すると考えます。一例を挙げましょう。垂直の壁を素手、素足で登るボルダリング（スポーツ・クライミングの一種目）でしたら、ホールドと呼ばれる突起物がいくつも付いた登攀《とうはん》のためのコースが存在しているから、人は登攀していけます。ホールドがあるから、両手の指や足のつま先を駆使して、垂直の壁を登っていけるわけです。

どのホールドを、どう利用するかは、アスリートによって違います。なぜなら、アスリート一人ひとりの手足の長さ、筋力、柔軟性、得意な運動などが異なるからです。登り方はそれこそ千差万別です。

ボルダリングに限らず、スキルは人が環境と相互作用しながら発揮するものです。こうした「人×環境」というエコロジカルなスケールで、人の運動行動を分析し、スキル習得に役立てようとするのがエコロジカル・アプローチの特徴の一つです。

非線形科学に基づく各アプローチの関係

エコロジカル・アプローチは、様々な運動学習理論の中でも、とくに人のスキル習得に焦点を合わせた運動学習理論です。前書きでも触れた通り、エコロジカル・アプローチは人の運動学習・スキル習得を「非線形的な」プロセスだと捉えます。

伝統的アプローチは、人の運動学習・スキル習得を「線形的な」プロセスだと主張します。10練習したら10学習するという主張です。これに対してエコロジカル・アプローチは、急激に学習が進む過程も、停滞する過程も、落ち込む過程もあると捉えます。つまり「非線形的な」プロセスです。

このようにエコロジカル・アプローチは、非線形的に振る舞うシステム（自己組織化、縮退、創発、多重安定性など）を研究する「非線形科学」を援用した運動学習理論です。そうした運動学習理論の中でも、とくにスキル習得にフォーカスしています。ちなみに、この「非線形科学」をストレングス&コンディショニングに適用しているのが、日本でも知名度があるフラン・ボッシュの「コンテクスチュアル・トレーニング」です。

エコロジカル・アプローチと多くの価値観を共有している、類似したスキル習得アプローチに「ディファレンシャル・ラーニング」というものがあります。ドイツのマインツ大学で運動・トレーニング科学の教授を務めるヴォルフガング・ショルホーンが提唱したディファレンシャル・ラーニングは本書にもしばしば登場します。

前書きでも触れた通り、エコロジカル・アプローチという運動学習理論に基づく、実践的なコーチングメソッドが「制約主導アプローチ」です。エコロジカル・アプローチの理論に基づき、スポーツ指導者などがどのように学習環境をデザインすればよいか、具体的なメソッドを提示しています。

制約主導アプローチと類似しているのが「非線形ペダゴジー（教授法）」です。この二つのコーチングメソッドはよく似ているので、本書では同一のものとして扱い、「制約主導アプローチ」として紹介していきます。

図1−1　**学問マップ**

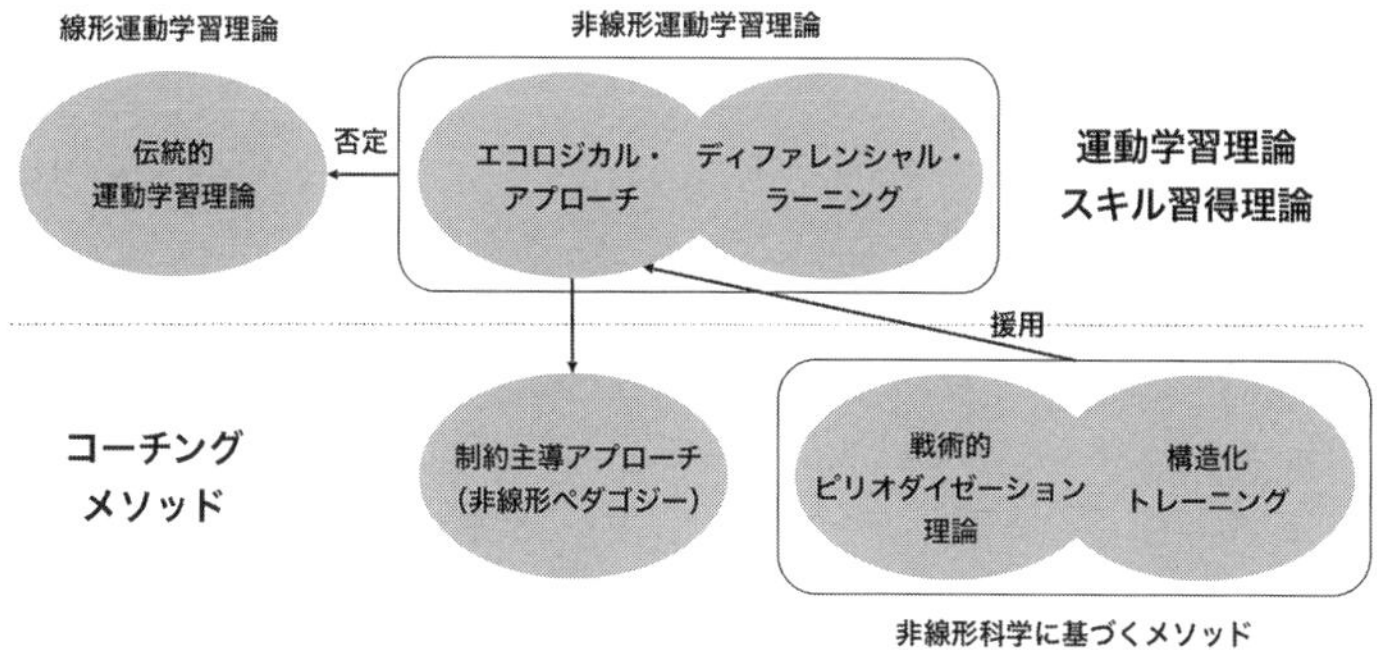

※エコロジカル・アプローチ＝生態心理学＋動的システム理論。

図を使って以上の話を整理しておきましょう（図1−1）。

日本でも知られたトレーニングメソッドの「構造化トレーニング」や「戦術的ピリオダイゼーション理論」も「非線形科学」を援用したコーチングメソッドです。その「非線形科学」のうち、いくつかの知見は、エコロジカル・アプローチに由来しているという関係です。

エコロジカル・アプローチ＝生態心理学＋動的システム理論

エコロジカル・アプローチは、生態心理学（エコロジカル・サイコロジー）と動的システム理論（ダイナミカル・システムズ・セオリー）という二つの学問を統合した運動学習理論です。正式には「エコロジカル・ダイナミクス・アプローチ」と呼ばれます。

生態心理学がエコロジカル・アプローチに提供しているのは、人がどのように環境を知覚し、どのように運動を制御しているか、という領域の知見です。以下はやや専門的な話になりますが、生態心理学が提供しているのは「知覚–運動カップリング」や「アフォーダンス」など、知覚と運動制御（身体のコントロール）についての新たな理論的枠組みです。人の運動を「認知→判断→実行」という単方向の流れとして捉える認知心理学とは異なり、人の運動を人と環境の双方向の作用、つまり相互作用の結果生じるものだと捉えます。ちなみに「知覚–運動カップリング」は、親学問の生態心理学では「知覚–行為カップリング」と呼ばれています。

動的システム理論は、システムの複雑な構成要素に、どのように協調関係（コーディネーション）が形成されていくか、に関する研究領域です。前書きで触れた「水→水蒸気」の相転移現象は、本質的に分子構造（分子の関わり合い＝分子同士のコーディネーション）の変化なので、動的システム理論で扱われるものの一例です。

スキップの例えを思い出してください。相転移現象とは、スキップという動作をうまくできない人が、テンポを速くする、あるいは遅くすると、突如として上手にスキップできるようになるという現象です。ある重要なパラメーター（制約）を——スキップの場合はテンポを——操作することで、ある運動が突如として現れます。

運動学習をこのような相転移現象と捉えるエコロジカル・アプローチは、動的システム理論を援用し、運動やその学習を、筋肉、関節、四肢といった身体各部の関わり合いの問題として、つまり制約の下でコーディネーションのパターンがどのように形成され、変化するかという問題として捉え直します。

以上の話をまとめると、エコロジカル・ダイナミクス・アプローチという理論（学問）は、人の知覚に関する理論（生態心理学）と身体各部の協調関係やその変化に関する理論（動的システム理論）に基づいて、人が運動するとはどういうことなのか、人がスキルを習得する仕組みとはどのようなものか、に迫っています。

本章の前半部分では、人の身体各部のコーディネーションがどのように生まれていくか（動的システム理論の領域）、後半部分ではそのコーディネーションに人の知覚がどのように影響するか（生態心理学の領域）、概説していきます。そして本章の最後に、これら二つの領域を統合したエコロジカル・ダイナミクス・アプローチという運動学習理論から、スポーツ指導にどのような提言ができるか、解説していきます。

エコロジカル・アプローチの影響力

エコロジカル・アプローチという運動学習理論の提唱者であるキース・デイビッズの著書「Dynamics of Skill Acquisition: A Constraints-Led Approach（スキル習得のダイナミクス：制

約主導アプローチ）」[1]は、2008年に初版が刊行されると、世界中から大きな反響が起きました。

2020年に発行された第二版「DYNAMICS OF SKILL ACQUISITION : An Ecological Dynamics Approach（スキル習得のダイナミクス：エコロジカル・ダイナミクス・アプローチ）」[2]の第11章には、初版の影響を受けた著名なスポーツ指導者たちが感謝の気持ちを綴ったレターが記載されています。第二版によると、エコロジカル・アプローチ（制約主導アプローチ）を採用した以下の団体から、指導内容の改善や育成方針の修正などについて報告があったということです。

・水泳／競泳のフランス代表及びフランスナショナルスイミングセンター
・パーク＆パイプ（スキー、スノーボード）のニュージーランド代表
・イングランド・ラグビー協会
・ＡＩＫソルナ（スウェーデンの総合スポーツクラブ）

サッカーの分野では、「CONSTRAINING FOOTBALL（サッカーを制約する）」という書籍[3]が2021年にイングランドで出版されて、ヨーロッパで大きな反響を呼んでいます。著者はＦＡ（イングランド・サッカー協会）のコーチデベロッパー職を経て、現在はイングランドのプレミアリ

ーグに所属するフルアムでヘッド・オブ・アカデミーを務めているベン・バートレットです。

２０２２年にはプレミアリーグのサウサンプトンが、これから三つの大学と提携して研究所を立ち上げ、エコロジカル・アプローチに基づき、クラブ独自の育成法や指導法を研究していくと発表しています。

スペインでは、FCバルセロナの研究所である「バルサ・イノベーション・ハブ」に、エコロジカル・アプローチ関連の研究者が在籍しています。この研究所が、サッカーの指導法やゲーム分析法をまとめた年次レポートの「FOOTBALL ANALYTICS 2021」[4]には、エコロジカル・アプローチや制約主導アプローチに関する論文から、多くの引用がなされています。

バルセロナが提唱しているコーチングメソッドは、図1-1にも出てくる構造化トレーニングです。その構造化トレーニングに言及している論文も、運動学習に関わる多くの部分はエコロジカル・アプローチの考え方を参考にして作成されています（Gómezら、2019／Ponsら、2020など）[5,6]。

ちなみに世界中の論文を検索できるGoogle Scholarで構造化トレーニングを扱う論文を検索すると、ヒットするのはスペイン語を含めても10本前後にすぎません。これに対して、エコロジカル・アプローチや制約主導アプローチを検索すると、数千から数万本の文献がヒットします。

日本の多くのスポーツ指導者にとってエコロジカル・アプローチや制約主導アプローチは、構造化トレーニングほどには耳なじみのないものなのかもしれません。しかし、学問の分野では、エコロジカル・アプローチや制約主導アプローチが圧倒的に研究されていることが、この検索結果からも分かります。

筆者自身は、まず構造化トレーニングを理解しようと試みましたが、関連する文献をいくら読んでも理解は進みませんでした。ところがエコロジカル・アプローチを学びはじめると、構造化トレーニングの内容がすんなり理解できるようになったのです。

実を言えば、それもそのはずです。構造化トレーニングにおけるシステム論や非線形力学の発想の多くは、エコロジカル・アプローチという運動学習理論を援用して生まれているからです。

戦術的ピリオダイゼーション理論の理解も同じでした。この理論の中で強調されている複雑系科学に関する知見（自己組織化、カオス、フラクタル、バリアビリティ）を、筆者はエコロジカル・アプローチを理解してから、初めて理解できました。

構造化トレーニングや戦術的ピリオダイゼーションという、人気のトレーニングメソッドの理解を進めていくためにも、世界的な広がりを見せているエコロジカル・アプローチについて学ぶことが有益だと筆者は考えています。

制約主導アプローチの実践例

エコロジカル・アプローチという運動学習理論を詳しく知っていただくために、まずは制約主導アプローチという実践の具体例をいくつか紹介していきます。理解しやすくなるように、ここでも伝統的アプローチと比べます。最初に紹介するのは、制約主導アプローチが熱心に研究されているテニスの指導についての研究です（Fitzpatrickら、2018）[7]。

研究テーマは、フォアハンドとバックハンドのリターン比率をどうすれば改善しやすくなるか。一般的に、熟練したテニスプレイヤーが試合中に使うフォアハンドとバックハンドのリターン比率はほぼ1対1です。ところがプレイヤーが子供の場合、技術的により難しいバックハンドのリターンを避け、フォアハンドを多用する傾向が出てきて、最大で6対1程度までフォアハンド側に偏ってしまうという問題があります。

こうした偏りを改善していきたい場合、どのような指導法が思い浮かぶでしょうか？ 多くの指導者はバックハンドを多用するよう言語的なコーチングで促すか、コーチがボールをフィードして学習者がバックハンドを繰り返すというスキルドリルによって、この比率を改善できると考えるかもしれません。それこそが伝統的アプローチの考え方です。

リターン比率の研究では、7歳前後の学習者を対象としています。ここではスキルドリルを中心とする伝統的アプローチのグループをA群としておきましょう。A群のコーチは、バックハンドの正しいフォームを「ラケットの軌道はこう」「肩の回転はこう」「両足の幅はこう」といった言語的な指導や見本を示すデモンストレーションで伝え、反復練習を中心とするトレーニングを8週間続けました。しかし、フォアハンドとバックハンドの使用比率はまったく改善されませんでした（図1-2）。

一方の、制約によって学習を導く制約アプローチのグループを、ここではB群としておきます。B群の子供たちは、同じ8週間のトレーニングの後、見事にフォアハンドとバックハンドの比率を、ほぼ1対1まで改善しています（図1-2）。B群のコーチはいったいどのような指導をしたのでしょうか。

意外にも、単純なことでした。テニスコートのセンターラインを図1-3のようにずらし、①バックハンド側のエリア（図1-3は右利きの学習者用）を広くする、②対角線のエリアにリターンを返したらボーナスポイントを与える、という二つの制約を設けただけです。

このように制約主導アプローチでは、コーチの役割が伝統的アプローチとは異なります。伝統的アプローチのような直接スキルを教える立場ではなく、制約をデザインし、学習者に「このスキルを使いたい」「あのスキルのほうが機能的だ」などと感じさせ、スキルの習得をガイド、促進していくような立場です。

学習者の立場も変わります。伝統的アプローチのA群の学習者は、一方的に動作フォームを教わる立場でした。これに対して制約主導アプローチのB群の学習者は、自分に適合するフォーム、自分が好むフォームを自分で探索し、自分で学習していきます。

図1-2　フォアハンド：バックハンド比率

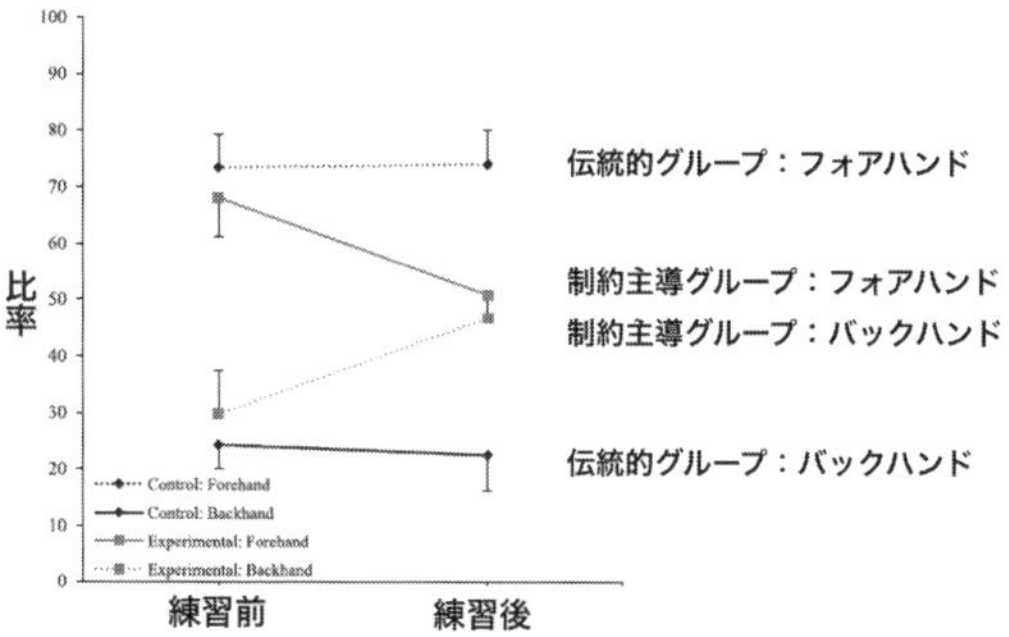

出典：Fitzpatrick, A., Davids, K., and Stone, J. A. (2018). Effects of scaling task constraints on emergent behaviours in children's racquet sports performance. Human Movement Science, 58, 80–87.

図1-3　センターラインの制約操作
（左：通常のコート、右：制約主導グループ）

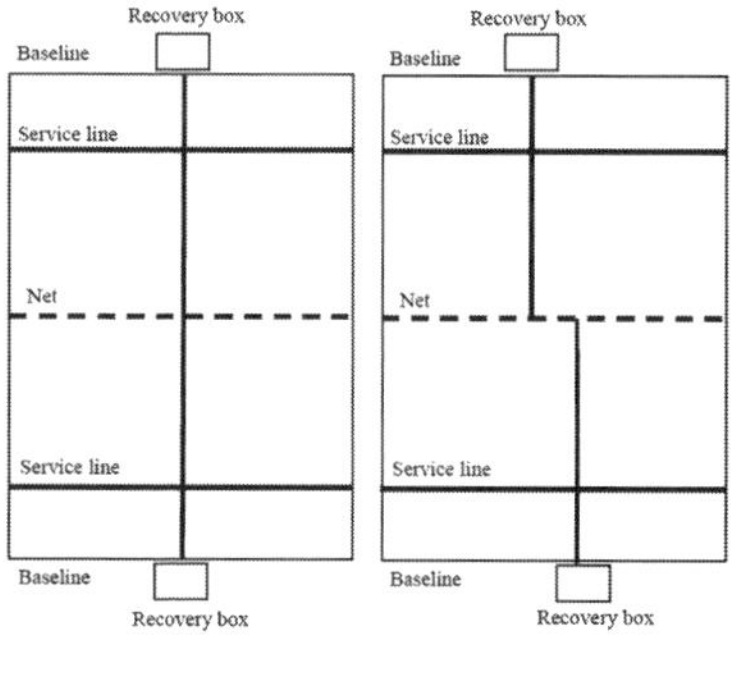

出典：Fitzpatrick, A., Davids, K., and Stone, J. A. (2018). Effects of scaling task constraints on emergent behaviours in children's racquet sports performance. Human Movement Science, 58, 80– 87.

制約主導アプローチによって獲得したスキルは、一般的にハイパフォーマンスにつながりやすいというメリットもあります。なぜならば、動作フォームを学習者自身で探索できるからですし、（スキルドリルではなく）試合形式の練習を通して学習できるからでもあります。

この研究でも、8週間のトレーニング後、どれだけ長くラリーを続けられるか、A群とB群それぞれを評価するスキルテストを行いました。結果はバックハンドだけでなくフォアハンドでも、制約主導のB群がより良い成績を示しています（図1-4）。

興味深いのは、フォアハンドのテストスコアも、制約主導グループのほうがより改善していたことです。この研究論文の著者は、その理由を以下のように分析しています。

・バックハンドが使えるようになったため、無理なフォアハンドを使わなくなった。
・試合形式のトレーニングを通して学習したので、スキルの使い分けが上手になった。

無理なフォアハンドとは、バックハンドを使えたら楽にリターンできる場面で、あえて回り込んでフォアハンドで打とうとするようなプレーを指しています。

試合形式のトレーニングとは違って、あるスキルの習得だけにフォーカスするスキルドリルでは、別のスキルとの使い分けは学べません。

図1-4　テストスコア

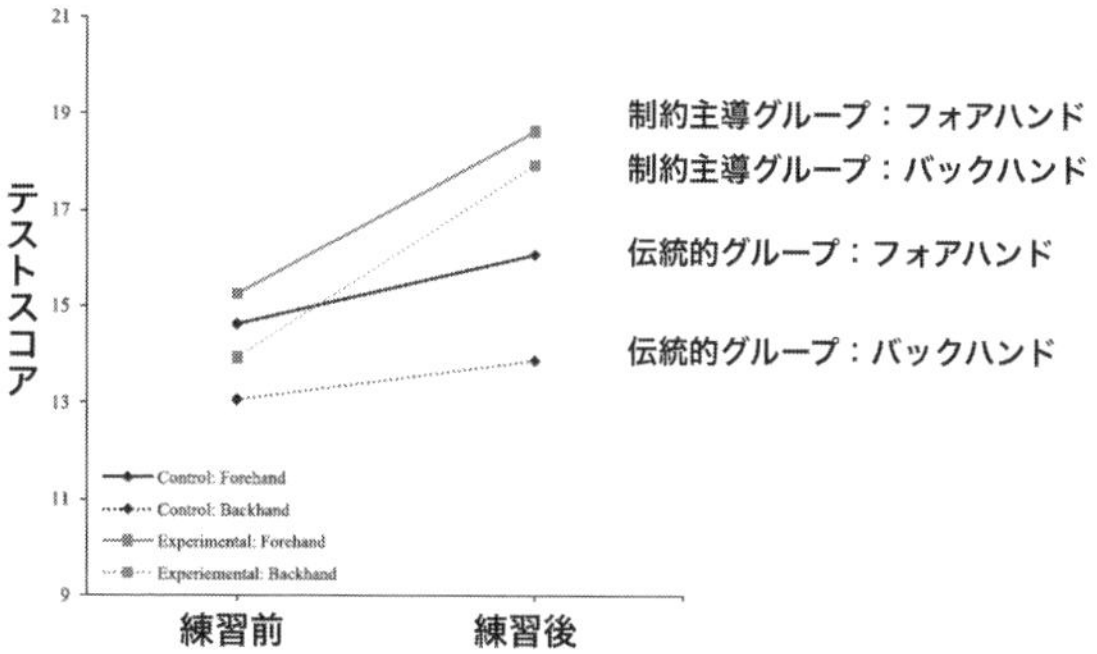

出典：Fitzpatrick, A., Davids, K., and Stone, J. A. (2018). Effects of scaling task constraints on emergent behaviours in children's racquet sports performance. Human Movement Science, 58, 80–87.

以上はテニス指導についての研究例ですが、サッカーも同じです。伝統的アプローチの指導は、コーチによる正しいスキルの規定、スキルドリルへの分解、そして言語的な指導を多用します。キックの指導であれば「軸足はこう」「蹴り足はこう」「体幹部はこう」「腕はこう動かす」などと言葉で伝えながら、同じキックを反復して練習させるわけです。

これに対して、制約主導アプローチでは、コーチからのそうした指導はありません。コーチの役目は、制約を設定し、操作し、学習者のスキル習得をある方向に誘導したり、促進したりすることです。制約による誘導、学習者による自由な探索、そして試合の全体性の維持（テニスの場合は、センターラインをずらした試合形式の練習）などをプリンシプル（原理）とするのが制約主導アプローチです。

サッカーを対象とする比較研究

サッカーのスキル習得を対象として、伝統的アプローチと制約主導アプローチを対比している研究を紹介しましょう（Orangiら、2021）[8]。スキル習得の対象者は、27歳前後のサッカー初心者です。1回1時間半のトレーニングを週2回、12週間に渡って行いました。どちらのグループも、ボールコントロール、パス、ドリブル、シュート、さらにはこれらを混合したスキルドリルに取り組みました。この研究では、制約主導グループもスキルドリルを行っています。ただし、伝統的グループとは、そのやり方がかなり異なることに注目してください。

伝統的グループでは、コーチがそれぞれのスキルの模範となる正しいスキルを規定して、デモンストレーションで見本を示し、言動的な指導で見本からのズレを修正します。「ボールに対して軸足はここに置く」「蹴り足のここでボールにコンタクトする」「フォームはこう」「身体の向きはこう」「正しいファーストタッチはこう」といった具合にです。

対する制約主導グループでは、そのような正しい運動動作の規定、デモンストレーション、言語的指導は一切行いません。その代わりにコーチは、それぞれのトレーニングの目的だけを伝えます。例えばシュート練習であれば「ゴールの隅にシュートを決める」という目的だけを伝えるわけです。

コーチの役割は、学習者それぞれのレベルに合わせて制約を設定すること。そして学習者がある程度練習を反復したら、制約を操作することです。

制約の操作とは、例えばシュートやパスのドリルであれば距離を変える、角度を変えるといったものです。ある特定の制約に慣れてしまわぬように、不慣れな学習環境を提供しつづけます。学習者は常に適応しなければなりません。

12週間のトレーニングを終えてから、「伝統的グループ」対「制約主導グループ」のテストマッチをフルサイズのコートで行いました。評価したのは、試合中のボールコントロール、パス、ドリブル、シュートなどの総アクション回数、成功回数、アクションの種類、創造的なプレーの回数などです。ちなみに創造的なプレーとは、ヒールパス、シャペウのようなフェイント、胸を使ったパスなどでした。

表1－1が示しているのは、テストマッチで観察されたアクションのグループ平均です。すべての項目で、制約主導グループが伝統的グループを凌ぐパフォーマンスを見せていたことが分かります。

このようにスキルドリルを行う場合も、制約主導アプローチは、コーチが正しい動作を規定

表1-1　アクション回数の平均と標準偏差

	伝統的アプローチ	制約主導アプローチ
総アクション回数	65.2±10.7	74.7±8.2
成功回数	32.7±9.3	40.2±8.3
アクションの種類	13.1±5.8	19.3±5.3
創造的なプレー回数	0.45±0.51	1.14±0.77
成功した創造的なプレー回数	0.14±0.35	0.45±0.67

出典：Orangi, B. M., Yaali, R., Bahram, A., van der Kamp, J., and Aghdasi, M. T. (2021). The effects of linear, nonlinear, and differential motor learning methods on the emergence of creative action in individual soccer players. Psychology of Sport and Exercise, 56, 102009.

する指導を避けます。練習環境に制約を設け、学習者本人が自分に合った、機能するスキルを探索し、発見するよう仕向けていくのが制約主導アプローチの指導方法だということです。

制約主導アプローチのメタ研究

以上の研究結果だけで、制約主導アプローチのほうが優れていると主張するつもりはもちろんありません。このアプローチが世界的に注目されている理由は、テニスやサッカーのみならず、あらゆる競技のあらゆるスキルにおいて、優れた学習パフォーマンスを示しているからです。

あるメタ研究（まとめ研究）によると、サッカー、フットサル、野球、テニス、卓球、バドミントン、クリケットなどインターセプティブな（迎撃系）競技を対象とする研究の77・7％で、制約主導アプローチが伝統的アプローチや他のアプローチを上回る学習結果を残しているそうです（Clarkら、2019）[9]。この研究は、「制約主導アプローチが通常のトレーニング方法と比較して、技術スキル開発に大きな利益をもたらすと裁定するのに十分な証拠である」と結論づけています。

サッカー、砲丸投げ、スピードスケート、テニス、野球などの競技に関する研究をまとめ、分析した別のメタ研究も、制約主導アプローチとディファレンシャル・ラーニングの「自己組織化を促進することを目的としたコーチングメソッドを支持する、かなり強い証拠がある」としています（Gray、2021）[10]。ディファレンシャル・ラーニングは、エコロジカル・アプローチと同様の非線形運動学習理論で、自己組織化アプローチの一種です。

ここからは自己組織化について解説していきます。

制約主導アプローチがあらゆるスキル学習で良いパフォーマンスを示しているのは、自己組織化という人が持つ優れた性能を活かしているからです。エコロジカル・アプローチやディファレンシャル・ラーニングという運動学習理論を支えている基本原理、それこそが自己組織化だということです。

1 動的システム理論領域

規定的組織化 vs. 自己組織化

自己組織化の好例は、鳥の群れです。ここではマーチングバンドと比較します。

鳥の群れとマーチングバンドの共通点は、どちらも多くの構成要素から成る複雑なシステムでありながら、なんらかの秩序やパターンが形成されていることです。言うまでもなくマーチングバンドを構成しているのは多くのバンドメンバーで、鳥の群れを構成しているのは多数の鳥です（写真1–1）。

二つのシステムの大きな違いはどこにあるのでしょうか。マーチングバンドのシステムは、いわば中央制御です。振付師というリーダーがいて、非常に複雑な行進のプログラムを事前に作成しています。フィールドの中央の線まで動いたら右に曲がる。そこから何歩

写真1–1　マーチングバンドと鳥の群れ

Photos: Getty Images

目で左に曲がる。音楽のこの部分になったら後進するなど、システムにおける行動パターンをリーダーが規定し、組織化しています。

これに対して鳥の群れには、他の鳥を先導するリーダー格の鳥は存在していないことが分かっています。だとすると、どのように秩序やパターンを形成しているのでしょうか。

長年に渡って論じられてきたのは、電磁波説、思考伝達説などのあらゆる仮説でした。しかし今では、それぞれの鳥が互いにシンプルなルールに従い、前後左右の鳥との調整を行っていることが分かっています。近づきすぎない、離れすぎない、方向を合わせる、といったシンプルなルールです。

鳥の群れの秩序やパターンは、システム内の下位レベルの構成要素間の相互作用、つまりは情報のやり取りによって生じています。上位から指令が伝達されるマーチングバンドとは異なります。

具体的な仕組みはこうです。鳥Aの動きは近くの鳥Bに影響を与えます。鳥Bが反応すると、今度は鳥Aが反応し、動きを調整します。それぞれの鳥が相手の行動を変えることにより、自分の動きを変えているのです。

このように互いに影響を与え合うような循環的な適応行動は、共適応行動（または自己相互作用）と呼ばれています。共適応行動は、鳥の群れのようなシステムが秩序を形成していく根源であり、鳥Aと鳥Bだけでなく、群れに加わっているすべての鳥が共適応行動を取ることによって、鳥の群れという大きなシステムの秩序が形成されているのです。

このような共適応を原理とする、システム内部からの自発的な組織化が、自己組織化です。自己組織化は前述した通り、エコロジカル・アプローチという運動学習理論を支える基本原理です。

自己組織化は、あらゆる秩序形成・パターン形成において観察されます。分子レベルでは雪の結晶や、お湯の対流などです。自然界のシステムではアリのコロニーや、気象現象も自己組織化の一例です。自己組織化は宇宙レベルの銀河形成から、人間社会におけるSNSまで、複雑系と言われるシステムのパターン形成における本質的に重要な概念とされています。複雑系とは、多くの構成要素から成る複雑なシステムです。

自己組織化傾向を持つシステムは、この傾向を持たないシステムと比べると、いくつかの点で大きく異なる特性を持っています。その特性については順を追って説明していきます。

人の運動システムや、スポーツチームという集団的なシステムを自己組織化のシステムと見なすかどうかで、コーチングに大きな違いが生じます。この違いこそ、伝統的アプローチとエコロジカル・アプローチの根源的な違いです。

ポイント

・自己組織化とは外部の存在に規定されなくても、共適応を通じてシステム内部から自発的に秩序やパターンを作り出す性能を指す。

◉補足コラム 1-1　ベルンシュタインの自由度問題

自由度とはシステムが持つ独立した（自由に振る舞える）構成要素やその動きの次元の数のことです。**図1-5**は、人の関節が動く次元の数を示したもので、例えば、肘であれば屈曲-伸展と回内-回外という二つの次元の動きが可能です。肩であれば三つの次元、頭部と首は六つの次元の動きが可能です。言い換えると、肘は2の自由度、肩は3の自由度、頭部と首は6の自由度を持っています。

野球のピッチングという運動を例に取ると、肩（6の自由度）、肘（2の自由度）、手首（2の自由度）の自由度は合計10で、良いピッチングをするには、それぞれの自由度においてどのようなタイミングで、どのような速度で関節を動かすかについて検討しなければなりません。

さらにそれぞれの関節に関わる筋肉まで考慮に入れると、肩の関節で10の筋肉（10の自由度）、肘では10の筋肉（10の自由度）、手首では6の筋肉（6の自由度）、つまり肩から手首までだけで26の筋肉に関する自由度があります。

人が投球するときの自由度は、腕だけでなく、全身に及びます。つまり自由度の総計は膨大な数に上るわけです。

図1-5　人体の自由度

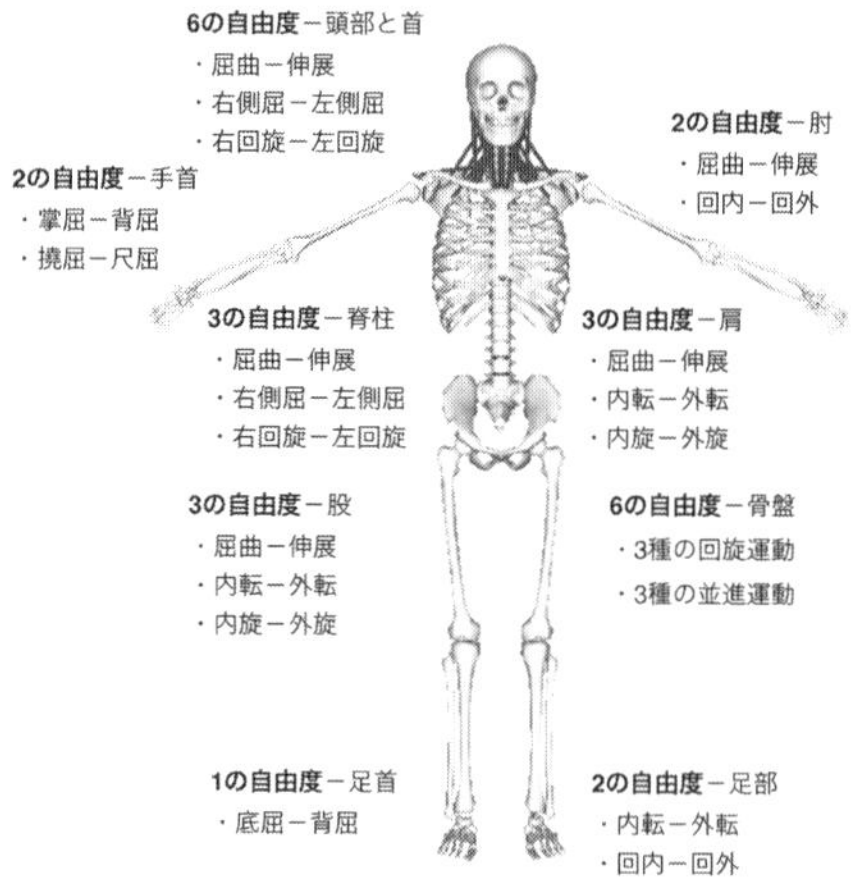

出典：Cazzola, D., Holsgrove, T. P., Preatoni, E., Gill, H. S., and Trewartha, G. (2017). Cervical spine injuries: a whole-body musculoskeletal model for the analysis of spinal loading. PloS one, 12(1), e0169329.

自由度が無数にあるということは、運動の仕方が無限にあることを意味します。人はその中からどのようにして特定の運動の仕方を選択しているのでしょうか？

ロシアの運動生理学者ニコライ・ベルンシュタインが最初に気づ

いたことから、この問いは「ベルンシュタインの自由度問題」と呼ばれています（Bernstein、1967）[11]。現在に至るまで運動科学におけるもっとも重要な問いの一つです。

ベルンシュタインの考えによると、自由度が膨大な人の運動システムに、どのようにして協調的なパターン（コーディネーションパターン）ができあがっていくかを分析することが、運動学習の仕組みを理解するための本質的な課題となります。

エコロジカル・アプローチは、自由度が膨大なシステムのパターン形成を研究する複雑系科学や動的システム理論を援用し、人の運動学習をシステムにおける自由度の組織化問題に置き換えるという画期的な発想により、パフォーマンスや学習を理解するための新たな視座を提供してくれています。

詳しくは後述しますが、重要な結論の一つは、制約があるから無限の自由度からでも選択できる、とするエコロジカル・アプローチの主張です。制約は「個人制約」「タスク制約」「環境制約」の3種類に分類できます。

ピッチングであれば、マウンドの形状（環境制約）は、下半身のコーディネーションを特定のパターンへと導く制約です。速球でストライクゾーンを狙うという目的（タスク制約）は、腕や上半身のコーディネーションを特定のパターンへと導く制約です。投手自身の各関節可動域やストレングス（個人制約）によって、最も機能的かつ効率的なピッチング動作は変わってきます。
「運動するとは制約されること」と考える制約主導アプローチへと至る発想は、この自由度問題を出発点として生まれたのです。

動作を習得させるのは誰？ コーチによる規定的指導 vs. 制約下での自己組織化

鳥の群れのような自己組織化は、どのような状況で生じるのでしょうか。サークリングを例に取りましょう。サークリングとは、上昇気流を見つけた鳥の群れが、個々のエネルギーを節約するために、上昇気流に乗りながら全体的に円を描くように飛行する現象です。より正確に言うと、群れ全体で円を描きながら省エネで飛行し、周囲の鳥が新たに群れに参加しやすい状況を作り、群れを大きくしていきます。

遠方へ移動する必要がある鳥の群れは、Vフォーメーション（写真1-2）と呼ばれる組織を作り、前方の鳥の飛翔によって生じる上昇気流に後方の鳥が乗れるように飛行して、エネルギーを温存しながら集団で移動します。

サークリングやVフォーメーションの自己組織化は、いくつかの制約によって形作られます。

写真1−2　鳥の群れのVフォーメーション

Photo: Getty Images

お互いに近づきすぎない、離れすぎない、方向を合わせるというシステム内部のルールに基づく制約。遠方へ移動する、外敵から身を守るなど、群れの目的に基づく制約。そして上昇気流など、システムを取り巻く環境に基づく制約です。

人の運動学習とは、筋肉や関節の間にコーディネーションのパターンを作り出していくことに他なりません。コーディネーションのパターンとは、すなわち協調的な関係です。群れになって飛行する鳥と鳥が、それぞれ協調しながら組織化しているのと似ています。

運動学習には大きく分けると二つのアプローチがあります。伝統的アプローチでは、コーチ、体育教師、トレーナーなどスポーツの専門知識を有する者が、マーチングバンドの振付師に相当しています。これに対して制約主導アプローチでは、自己組織化する鳥の群れのように、練習環境に用意された制約が、動作パターンの自己組織化を導きます。

エコロジカル・アプローチという運動学習理論は、人にも、鳥の群れと同様に機能的な動作パターンを自ら発見し、自ら学習する自己組織化能力が備わっていると考えます。その能力を最大限に活用して、人に運動を学習させる指導法が、制約主導アプローチです。

第2章で詳しく解説していきますが、人の運動に関わる制約は個人制約、タスク制約、環境制約の3種類に分類できます。

個人制約とは、アスリート（学習者）の身長、体重、柔軟性、ストレングス、運動の癖などです。

タスク制約とは、テニスコートのセンターラインをずらして、対角線のエリアにリターンを返したらボーナスポイントを与えるというような、練習（学習）のオーガナイズやルールなどに設ける制約です。

環境制約とは、グラウンドは天然芝なのか、土なのか、天候は晴れなのか、雨なのかといった練習（学習）環境の制約です。

こうした制約が互いに影響を与え合う相互作用によって、人の運動は形作られていくとエコロジカル・アプローチという運動学習理論は考えます。

相互作用する制約下で、自分のもっともしっくりくる動作を探索し、見つけ出すのが数ミリ秒から数分というタイムスケールの短期的な運動学習です。その運動パターンをしっかり定着させるのが、数時間から数年というタイムスケールの長期的な運動学習ということになります。

エコロジカル・アプローチの考え方では、人に運動を学習させるのは、コーチではありません。

3種類の制約であり、制約の相互作用です。

制約の相互作用とは、次のようなものです。

例えばクロスに合わせるというタスク制約によって、背の高い選手はヘディングを多用し、背の低い選手は足で合わせるシュートを多用するかもしれません。背の高さという個人制約が、クロスというタスク制約と相互作用し、それぞれの運動が現れます。

雨天（環境制約）でのサッカーでしたら、キック&ラッシュを得意とする選手は雨の影響をそれほど受けずにプレーできますが、グラウンダーのパスを得意とする選手は雨の影響を強く受け、別のプレーを選択するかもしれません。得意なプレーという個人制約が環境制約と相互作用しています。

タスク制約と環境制約が相互作用する例は、ラクロスと野球の違いで示せます。ボールが高く上がらないラクロスのような競技では強風の影響をそれほど受けません。一方、ボールが高く上がる野球のような競技では、試合を通して強風の影響を受けるかもしれません。この場合は、競技自体がタスク制約で、強風が環境制約です。

どのような運動が現れるかは、こうした個人×タスク×環境という3種類の制約の相互作用によって変わります。

本来、人の運動には、膨大な選択肢があります。ボールを蹴る場合は、インステップ、インサイド、アウトサイドなど様々な部位でボールコンタクトができますし、そのときの蹴り足、軸足、上半身の動きにも無数のバリエーションがあります。

こうした無限の選択肢から特定の運動を連続して選びつづけられる理由は、3種類の制約が選択肢を絞ってくれているからです。人の身体構造や機能などの個人制約、競技のルールや目的などのタスク制約、グラウンドの特性や天候などの環境制約。こうした制約の働きによって、無限の選択肢から特定の運動を選択しているということです。つまり、「運動するとは制約されること」なのです。

制約によって出現した運動を定着させるのが運動学習です。「運動する」と「運動を学習する」にはタイムスケールの違いはありますが、どちらも制約によるコーディネーションの自己組織化という性能によって、無数の選択肢から特定の運動を選択するプロセスを辿っています。

制約をデザインし、制約で運動学習を主導する、制約主導アプローチという指導方法は、このような背景理論から生まれたものなのです。

ポイント

・自己組織化に影響を与えるのは、3種類の制約である。

・個人制約を踏まえて、練習環境に適切な制約を設定し、スキル習得へと導くのが制約主導アプローチであり、エコロジカル・アプローチという運動学習理論である。

自己組織化アプローチの利点とは？

制約によって自己組織化を促進する運動学習の利点はどこにあるのでしょうか。別の言い方をすると、伝統的アプローチの問題はどこにあるのでしょうか。

伝統的アプローチでは、指導者が正しい動作を規定します。その規定が、個人制約に適合していない可能性は大いにあります。人それぞれ、関節の可動域も、手足の長さも、筋力も、動きの癖も異なっているからです。心地よく感じる歩き方や走り方は学習者ごとに異なり、個人制約がまったく同じ人など他にはいません。学習者ごとに異なる個人制約を無視し、型にはめようとしているケースは往々にしてあり、そのようにして押しつけられたスキルには、パフォーマンス（質）が低いという特徴があるのです。

これに対して、自身の制約に適合する運動を自由に探索できる制約主導アプローチの下で学習されたスキルの質が高いことは、すでに紹介したテニスやサッカーの研究で明らかになっている通りです。

伝統的アプローチによる規定的な指導には、もう一つ特徴があります。学習されたスキルにバリエーション（量）が少ないことです。

テニスのフォアハンドストロークの運動学習で、制約主導グループと伝統的グループを比較した研究結果を紹介しましょう（Leeら、2014）[12]。

制約主導グループでは、ネットの高さ、ターゲットエリア、コートサイズ、ボールサイズ、ラケットサイズなどの制約を学習者に合わせて設定して試合形式のトレーニングを行い、ある程度反復練習したら、ネットの高さを変えるというような制約の操作を加えました。

一方の伝統的グループでは、全員が学習すべき正しいフォームを定め、それに基づき、コーチが指導するスキルドリルを採用しています。

トレーニング開始前は、どちらのグループでも4種類の打ち方が観察されました。4週間のトレーニングを終え、再び観察してみると、制約主導グループの打ち方が7種類に増加していたのに対し、伝統的グループの打ち方は3種類に減少していたのです（図1-6）。

制約主導アプローチは、学習したスキルのリテンション（維持）も優れています。同じテニスの研究で、4週間のトレーニング後、4週間全くトレーニングをしない期間を設け、学習されたスキルがどの程度維持されているか、テストしています。結果は、制約主導グループが5種類の動作パターンを維持していたのに対し、伝統的グループは3種類が7種類にばらけていました。

7種類に増えていたのではなく、ばらけていたのです。コーチに規定された3種類の打ち方は維持していましたが、新たに4種類の打ち方が現れました。練習していなかった4種類の打ち方です。

この事実が示しているのは、4週間のブレイク後、各々の学習者がそれぞれ打ちたいようにフォアハンドストロークを打つようになっていたということです。実験結果を見ても、制約主導グループのトレーニング後とかなり似ています（図1-6のBとF）。ここから言えるのは、いくらコーチが打ち方を規定しても、一定期間が過ぎれば、自己組織化の力が勝るということです。であれば最初から、自己組織化を促進する制約主導アプローチを用いるほうが望ましいと言えます。

以上をまとめると、制約下での自己組織化によるスキル習得のほうが、より多くのスキルを学習でき、学習したスキルの質も高く、より維持できると言えます。その理由はすでに記した通り、学習者一人ひとりが自分の制約に合うスキルを探索し、学習していけるからです。

図1-6　フォアハンドストロークのバリエーション

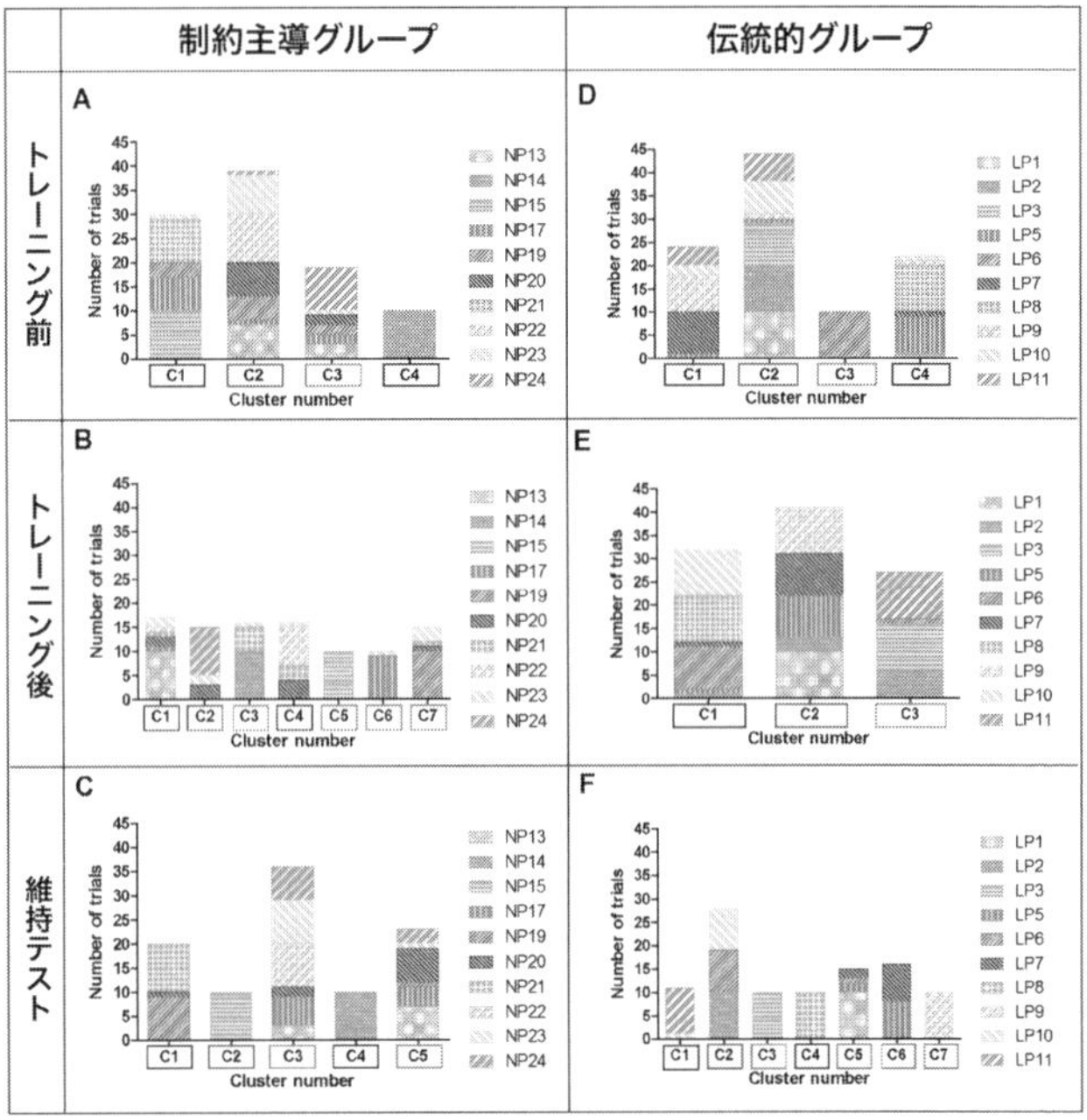

※NPとLPは参加者を、C1～C7はそれぞれ異なるコーディネーションパターンを示している。

出典：Lee, M. C. Y., Chow, J. Y., Komar, J., Tan, C. W. K., and Button, C. (2014). Nonlinear pedagogy: an effective approach to cater for individual differences in learning a sports skill. PloS one, 9(8), e104744.

転移の重要性とスキルの評価観点

前述したテニスやサッカーのスキル学習を対象としてエコロジカル・アプローチを伝統的アプローチと比較した実験では、試合や実戦形式のパフォーマンスの良し悪しで、学習効果の良し悪しを評価しています。このように学習したスキルが試合で発揮されることを「転移」と呼びます。制約によって自己組織化を促進する運動学習の利点は、この転移にも優れていることです。

その理由は、制約主導アプローチを通して習得していくスキルは、実際の試合から切り離されたスキルドリルを通してではなく、試合環境と類似した制約の下で自己組織化したスキルだからです。

コーチが正しい運動を規定し、正しさからずれた運動を矯正する伝統的アプローチとは異なり、制約主導アプローチでは個々の学習者が自分自身の個人制約に適合した、バリエーション豊富なスキルを、自由に探索できます。仮にスキルドリルを通してスキルを学習していく場合も、自由にスキルや動作のパターンを変化させて、試合のような動的な環境に適応させる能力をより身につけられます。

以上の話をまとめると、制約主導アプローチを通して習得したスキルは、スキルの質でも、スキルの量でも、スキルの維持でも、試合で発揮できる転移でも、伝統的アプローチを通して習得したスキルより優れていることが、様々な研究結果によって明らかにされているわけです。スポーツ指導者の皆さんには、よく考えていただきたいです。運動学習の良し悪しを評価するときに、本当に重要なのはスキルの維持と、試合で発揮できる転移です。スキルをどれだけ維持できていて、どれだけ試合で発揮できているか。

本物の学習かどうかは、学習したスキルが翌日も、週末の試合でも、翌月の試合でも維持されているかどうか、試合中に機能的に発揮されているかどうかで決まります。コーチが目の前で確かめられる短期的なプレーの変化だけでは、決まりません。

自己組織化を待たない伝統的アプローチでは、トレーニングの評価がスキルの維持や試合への転移ではなく、トレーニング中の学習効果に偏りがちではないでしょうか。

トレーニングセッションを始めてから、それこそ秒単位の早さでフリーズをかけ学習者のプレーに介入して、「今のシーンでは、この選手にパスを出すべきだった」「今のプレーは身体の向きが違っていた」などとコーチが規定し、目の前でプレーを変化させることを学習と見なす傾向が強いのではないでしょうか。

コーチが正しいプレーを規定して介入すれば、短期的にはプレーを劇的に変えられるかもしれません。しかし、そのようなアプローチの仕方が、本当に重要なスキルの維持や試合への転移で制約主導アプローチに劣っているのは、ここまでに見てきた通りです。

自己組織化を「待つ」という表現を使っているので、より時間がかかりそうな印象を持たれるかもしれません。しかし、試合へ転移するところまでを学習と捉えると、規定的なアプローチよりもむしろ学習の速度は速いのです。トレーニングの良し悪しを評価するときは、何よりも試合への転移という本質を見極めて評価するべきでしょう。

ポイント

・制約主導アプローチは、習得できるスキルの質（パフォーマンス）、スキルの量（動作のバリエーション）、スキルの維持で、伝統的アプローチよりも優れている。
・優れている理由は、一人ひとり異なる個人制約に適した動作を探索・学習し、自己組織化できるからだ。
・学習したスキルを試合で発揮できる「転移」でも、自己組織化に基づく制約主導アプローチが勝っている。
・スポーツ指導者は、短期的な運動の変容ではなく、スキルの維持と試合への転移によって学習効果を評価するべきだ。

スキルはそもそも教えられるのか？

スキルの習得には、個人差があります。だとすると、一人ひとりの特性を踏まえた一括的な指導はそもそも可能なのか、という疑問が生じてくるでしょう。学習者一人ひとりの筋肉の付き方や、関節運動の傾向を見抜き、それぞれに合ったスキル学習の指導ができるのか、という疑問です。

人の運動システムは、膨大な数の神経、筋肉、関節からなる複雑系です。一人ひとりの違いを正確に見極めるなど、ほとんど不可能ではないでしょうか。

そもそもスキルは教えられるものなのか？

これがエコロジカル・アプローチから、伝統的アプローチへの問いかけです。

幸いにも、我々、人の運動システムは、制約を設ければ、それぞれ機能的な運動を見つけられる自己組織化傾向を持っています。

その能力を、なぜ活用しないのでしょうか。

正しい運動を規定し、矯正するような伝統的アプローチの指導を続けるメリットはどこにあるのでしょうか。

従来のコーチ像から、離れてみる必要があるのではないでしょうか。

エコロジカル・アプローチの考え方では、コーチの役割は、学習する動作自体の指導にはありません。学習者が効率的にスキルを習得していける、制約を設けることです。

表現を換えましょう。エコロジカル・アプローチのコーチ像は、運動課題の解決法・答えを教える存在（Solution Setter）ではありません。運動課題を設定する存在（Problem Setter）です。解決法を教えるのではなく、課題を設定するのです。エコロジカル・アプローチを最初に提唱したキース・デイビッズは、コーチは「制約のデザイナー」であるべきだと強調しながら、従来のコーチ像を再考する必要性を説いています。

ターゲット・ムーブメント批判

規定的な指導の背後にあるのは、誰もが学習すべき正しい運動、理想的な運動があるとする発想です。

具体例を挙げると、個人のスキルでは中村憲剛選手の止めるスキル、蹴るスキルが正しいスキルであり、選手間のコーディネーションであればマンチェスター・シティのポジショナルプレーが正しいコーディネーションだと規定する世界観です。エキスパートモデルと呼ばれるこの指導方針が、伝統的アプローチでは採用されてきました。コーチングハンドブックに記載されている動作パターンや、その時々のエリートプレーヤーの運動をモデルとして、その運動を模倣させる指導方針です。

このような模範は、ターゲット・ムーブメント、理想的運動、パーフェクトスキルなどと呼ばれ、学習者が模範に近づいていき、繰り返しそのスキルを再現できるようにするのが運動学習だと、伝統的アプローチでは考えます。

これに対し、エコロジカル・アプローチやディファレンシャル・ラーニングの研究者たちは、「ターゲット・ムーブメントは存在しない」と結論づけています。あらゆる競技のトップアスリートたちを対象とする研究を積み上げてきた上での結論です。

ディファレンシャル・ラーニングの提唱者であるヴォルフガング・ショルホーンは、陸上競技の投擲《とうてき》種目を対象として、エリート選手たちの動作パターンの継続的な調査を行っています（Schöllhorn&Bauer、1998）[13]。

ショルホーンの研究によると、投擲のような、いかにも動作の一貫性がハイパフォーマンスにつながりそうな種目でも、すべての選手の動作パターンは異なっていたそうです。しかも同じ選手が、その時々の心身のコンディションなどの個人制約、トラックの硬さなどのタスク制約、天気や標高などの環境制約に応じて、投げ方を毎回変えていたことも分かりました。

最適なスキルや動作は学習者ごとに異なるとする考え方を「スキルの学習者依存」と呼びます。その時々のタスクや環境によって最適なスキルや動作が変わるとする考え方を「スキルのコンテキスト依存」と呼びます。ここでのコンテキストは「環境」や「場」を意味しています。スキルは個人個人で違っている。同じ人でもコンテキストによってスキルは変化する。万人にとっての「最適」な運動も、環境を問わずに「最適」な運動も存在しないという主張です。

この主張に基づくと、伝統的アプローチの規定的な指導、ターゲット・ムーブメントに近づけ、矯正していく指導は、学習者に依存し、コンテキストにも依存するという人の運動特性を無視しているという話になるのではないでしょうか。

エキスパートほど運動がバラバラ

伝統的アプローチは、同じキック動作や同じファーストタッチの動作を繰り返せることが、ハイパフォーマンスに貢献すると考えます。エキスパートほど動作の一貫性は高いという考え方が前提です。そうした一貫した動作を獲得するためのモデルがターゲット・ムーブメントで、その基準からのズレ、同じ動作を一貫して繰り返せないという変動性は「エラー、誤差、ノイズ」と呼ばれ、悪しきものと見なされます。コンピューター技術ではあらゆるバラツキがノイズと見なされますが、情報処理アプローチとも、機械論的モデルとも表現される伝統的アプローチも、まったく同じスタンスです。

同じパス&コントロールの繰り返し、同じシュートストップの繰り返しなど、同じ動作を反復するトレーニングを、伝統的アプローチがスキル学習の中心に据えてきたのは、悪しきエラー、誤差、ノイズを減らすためです。

エコロジカル・アプローチの研究は、こうした考え方とは相反する非常に興味深い結果を提供しています。たしかに人は、毎回ランダムに、原則のない運動を実行しているわけではありません。動作の一貫性は、ある程度は観察されます。しかし、動作の変動性の中にはパフォーマンスに貢献する機能的なものも含まれ、エキスパートになればなるほどその変動性は大きくなるというのです。

野球のバッティングを対象としたある実験では、バッティングの動作を最初の体重移動とそれに続くスイングという二つの局面に分け、それぞれの時間を計測しています（Gray、2020）[14]。この実験の結果、明らかになったのは、体重移動の時間とスイングの時間のバラツキ（変動性）が大きい選手ほど、バッティングのパフォーマンスも良いことでした。

理由も明らかにしています。良いバッターほど、球種、球速、コースに応じて、動作のパターンを細かく使い分けているからです。例えば、体重移動が遅すぎた場合は、速くスイングする。体重移動が速すぎた場合は、遅くスイングするわけです。別の言い方をすると、良いバッターは単一の動作を再現しているわけではなく、異なる様々な状況に適応できるように、様々な体重移動と様々な軌道のスイングをしているということです。

それはそうだろうと感じた読者もいるかもしれません。バッティングには、球速、球種、コースなどの外的変化があるからです。外的変化に適応するには、たしかに細かい動作の調整が必要でしょう。

しかし、外的変化のないスキルの実行でも、同様の報告がなされているのです。例えば、バスケットボールのフリースローを投じる際の各筋肉の活動時間を調べた研究は、上級者のグループは中級者や初級者のグループと比較して、各部位の筋活動時間のバラツキが大きかったと報告しています（Pakoszら、2021）[15]。フリースローをよく決める人ほど、動作のバラツキが大きいということです。

しかも、上級者から初級者まですべてのグループで、筋活動時間のバラツキは、失敗したショットよりも、成功したショットのほうが大きいというのです。つまり、上級者のほうが、あるいは成功した試投のほうが、フリースローの動作に一貫性がなかったということになります。外的変化がなく、自分の好きなタイミングで、自分の好きなように実行できるフリースローのようなスキルでも、変動性はむしろパフォーマンスに貢献しているという話です。おそらく多くの読者の直感に反する、研究結果ではないでしょうか。

ポイント

・スポーツ選手のスキルは、上級者ほど、動作のバラツキが大きい。

適応力を高めるための「縮退」という人体の特性

伝統的アプローチが、人を機械仕掛けのような存在として見積もっていることは、前述した通りです。反復トレーニングを徹底すれば、精密機械のような寸分の狂いもない動作が可能となる。それがパフォーマンスを安定させるという理屈です。百発百中のフリースローを実現するには、可能な限り動作を安定させるのが最適だと考えます。

エコロジカル・アプローチの主張は異なります。人間は本質的にノイジーな存在だと捉えます。実際に脳から送られる電気信号は不安定であり、仮に同じ信号が送られたとしても同じように筋肉が収縮することはありません。少し専門的な話をすると、筋細胞内のＡＴＰ（アデノシン三リン酸）やカルシウムイオンの量によって、収縮の仕方が変わります。運動には膨大な数のニューロンと筋繊維が関わります。それらすべてを毎回同じように制御するのは不可能なのです。

人の運動システムは本質的にノイジーで不安定なので、トレーニングによる動作の安定性や一貫性を求めようにも、限界があります。そもそも同じ動作を精密に繰り返せる、機械のような作りではないということです。

人体はどのような特性を持っているのでしょうか。エコロジカル・アプローチが主張しているのは縮退（ディジェネラシー）です。

縮退とは、筋骨格、分子、遺伝子など、あらゆるレベルに存在する性質です。別の言い方をすると、人の環境変化への適応力を高めるための性質が縮退です。

遺伝子を例に取ると、人体の成長や維持に必要なアミノ酸を生成する遺伝子の配列は決まった一つだけではありません。複数の異なる配列から同じアミノ酸が生成される仕組みとなっています。そのような仕組みになっている理由は、ウイルスの攻撃や感染症である遺伝子配列が壊れても、別の配列で同じアミノ酸を生成するためです。同じ結果を得るために、複数のソリューションを持ち、環境変化への適応力を高めています。

同様の仕組みは筋骨格のレベルにも存在しています。片手でお盆を運ぶというタスクを例にしてみましょう（図1－7）。

お盆を水平に保つための、肩、肘、手首という三つの関節角度の組み合わせは無限にあります。図1－7の左側は、肩を上げて肘を伸ばし、手首を若干返す持ち方です。図1－7の右側は、肩を下げ、肘を大きく曲げて、手首を大きく返す持ち方です。お盆を水平に保つという同じ結果を得るために、無数の異なるソリューションが存在しています。

重要なのは、制約があることです。お盆を水平に保つという制約を満たすために、制約がなければ協調しない肩、肘、手首という三つの関節が、それぞれ依存し合い、変動する関係になっています。肩を下げるなら、肘を大きく曲げ、手首を大きく返し、肩を上げるなら、肘は伸ばし、手首は若干返します。

制約があるから、三つの関節は共変動（共適応）し、一つのワーキングユニットを形成しています。制約下での自己組織化とは、このようなワーキングユニットの組織化を意味しているわけです。

右腕のワーキングユニットは、胴体のワーキングユニットと共変動して、さらに大きな上半身のユニットを形成します。全身運動では、下半身を含めた全身のユニットを形成しています。運動するとは、制約に適応するために、ミクロなスケールからマクロなスケールへとワーキングユニットを自己組織化させていくことに他なりません。複数の鳥があらゆる制約の下で共適応し、群れという大きなワーキングユニットを自己組織化させる現象は、人の運動と酷似しています。ちなみに、コーディネーションという言葉を分解すると、Co-（互いに）Ordination（秩序を与える）となります。人が関節の間、筋肉の間に互いに影響を与え合う共適応（共変動）関係を構築し、ワーキングユニットという秩序（機能的な状態）を作り上げることを、エコロジカル・アプローチがコーディネーションと表現しているのは、互いに秩序を与えているからです。

話を縮退に戻しましょう。人は関節間の共変動関係を構築し、様々な運動課題を解いています。お盆を手に持った状態で、他の誰かとぶつかりそうになれば、水平な状態を保ったまま頭上まで上げて衝突を避けることができます。お盆をテーブルに置くときは、やはり水平な状態を保ったまま、腰ぐらいの高さまで下ろせます。
人の運動は、手に持ったお盆の水平状態を保つための、無数のソリューションを有しています。環境に柔軟に適応する運動が可能だという意味で、縮退を噛み砕いて表現するならば、「同じ運動結果を出すために、異なる複数のソリューションを持つこと」となります。これがエコロジカル・アプローチの主張する人体の特性なのです。

図1-7　共変動するワーキングユニットの自己組織化

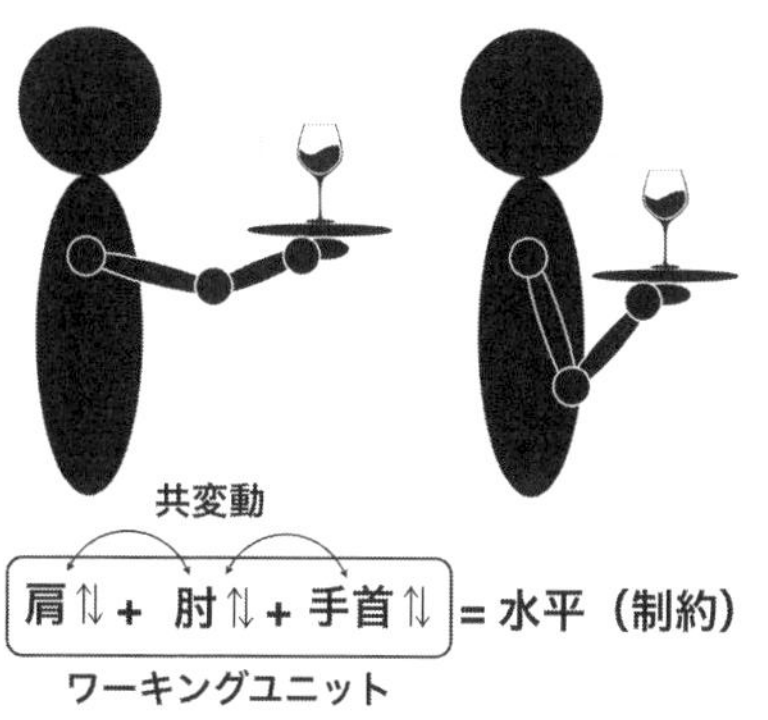

この特性に基づき、運動学習の本質を捉えると、「特定の動作を学ぶこと」ではありません。「身体各部の共変動関係を学ぶこと」です。だとすれば、人を機械仕掛けの存在と見積もる伝統的アプローチの考え方では、「異なるソリューションを使い分け、柔軟に目的を果たせる」という人体の特性を活かしきれません。

ポイント

・人の運動の本質は縮退という特性にある。
・縮退とは「同じ運動結果を出すために、異なる複数のソリューションを持つ」ことに他ならない。
・人が環境変化に柔軟に適応し、運動課題を達成できるのは、この特性を持っているからだ。

◉ **補足コラム1-2**　自由度の圧縮

本文中に記載したワーキングユニットは、厳密に言うと「コーディネイティブ・ストラクチャー」と呼ばれます。すなわちコーディネイティブな（協調的な）ストラクチャー（構造）です。独立して存在している筋や関節が、お盆を水平に保つというような制約を満たすために共変動関係を持つようになり、協調的な一つの構造になっているわけです。

このような構造、一つのユニットを形成する利点は、自由度を圧縮できるところにあります。自由度とは、システムが持つ独立した（自由に振る舞える）構成要素やその動きの次元の数のことでした。お盆の例では、脳や神経からなる中枢神経系の上位は、腕全体に指令を出しています。肩、肘、手首の3関節にではなく、3関節を含めた腕全体に、です。

一つのユニットを形成すると、コントロールしなければならない自由度が、「3」から「1」に圧縮されています。このとき、3関節間の共変動関係は、より無意識的な中枢神経系の下位レベルに委ねられています。

自動車に例えて説明しましょう。四つのタイヤそれぞれにハンドルがついている、ハンドルが四つの車と、ハンドルが一つだけの車のどちらが運転しやすいか、言うまでもないでしょう。そのイメージです。

人はコーディネイティブ・ストラクチャーの自己組織化を通じて、複雑な身体をよりコントロールしやすい身体へと変換しているのです。

パフォーマンス結果の安定性＝動作の安定性＋機能的バリアビリティ

前述したバスケットボールのフリースローを対象とする実験で、エキスパートのほうが動作のバラツキが多かった理由も、人体のこうした特性から理解できます。人の身体は複雑すぎるので、完璧に制御するのが不可能なのです。

すべての関節をまったく同じように動かすことができれば、フリースローは毎回決まります。これが伝統的アプローチのパフォーマンス観です。パフォーマンスの結果が安定するのは、動作が安定しているからだと見なします。しかし、フリースローのような比較的シンプルな動作でも、完璧な制御は不可能です。

フリースローの名手は、毎回同じ動作をしているわけではありません。基準となる関節運動はあります。そこからのズレという内的な変化を感知しながら、他の関節運動で代償し、共変動しています。要は修正能力です。

「どうせ正確に動けないのだから、修正する能力を磨いておいたほうがいい」

このような運動制御観を持てるかどうかが重要です。少し難しく言うと「共変動関係を学習しておき、異なるソリューションで運動課題に柔軟に対応できるようにしておこう」と考える運動制御観です。

フリースローの試投で肩の関節のパワーを通常よりも使いすぎた場合は、肘や手首の関節運動を抑えて補正します。この場合の制約は、5・8ｍ先のリングにフリースローを決めることです。前述した実験で観測された動作のバラツキは、この肘や手首の代償的な運動です。

パフォーマンスの結果を安定させるためには、動作のある程度の変動性がむしろ不可欠なのです。外的な変化が伴うバッティングのようなスキルはもちろん、フリースローのような内的な変化のみが存在するクローズドスキルでも同じです。

ここまでの話に疑問を感じた読者もいるでしょう。すべての動作に変動性（バラッキ）があったほうが良いのか？と。すべての動作、というわけではありません。

変動性にも、良い変動性と悪い変動性があるからです。

良い変動性は、制約を満たすことに貢献しています。野球のバッティングで説明しましょう。図1-8をご覧になってください。時速135kmのボールを打ち返すタスクの場合、「体重移動時間＋スイング時間＝500ミリ秒」が満たすべき制約です。この制約を示しているのが図中の直線で、グレーの幅を許容される誤差としています。グレーの幅に収まっている体重移動時間とスイング時間の組み合わせは、どれも良い変動性です。250ミリ秒＋250ミリ秒でも、300ミリ秒＋200ミリ秒でも、100ミリ秒＋400ミリ秒でも構いません。

悪い変動性は、制約を満たすことに貢献していません。300ミリ秒＋300ミリ秒や、200ミリ秒＋200ミリ秒のような組み合わせです。図の白丸が良い変動性で、黒丸は悪い変動性です。

良い変動性を、機能的バリアビリティと呼びます。機能している変動性（バリアビリティ）という意味です。お盆を水平に保つタスクであれば、そのタスクを遂行できるあらゆる肩＋肘＋手首の関節角度の組み合わせが、機能的バリアビリティです。フリースローであれば、フリースローが決まるあらゆる肩＋肘＋手首のパワー発揮の組み合わせが、機能的バリアビリティということになります。

伝統的アプローチが主張してきたのは、「パフォーマンス結果の安定性＝動作の安定性」というモデルです。日本のスポーツ界では、このモデルが長年に渡って、それこそ信仰されてきたわけです。これに対して、エコロジカル・アプローチは「パフォーマンス結果の安定性＝動作の安定性＋機能的バリアビリティ」という新たなモデルを主張しています。

図1－8をご覧になってください。白丸が集中しているあたりのスイング時間と体重移動時間の組み合わせが、安定した動作ということになるわけです。

エコロジカル・アプローチは、動作の安定性＋機能的バリアビリティの絶妙なブレンドこそが、縮退という人体の特性に適した戦略だと主張しています。おさらいですが縮退とは、環境変化への適応力を高めるために、複数のソリューションを持っている人体の性質です。理想的なのは、頻繁に使われる安定した動作パターンを有していて、そこからずれてしまった場合も、異なる動作パターンで同じパフォーマンス結果を出せるように、良い変動性を身につけておく

図1-8　**機能的バリアビリティの例**

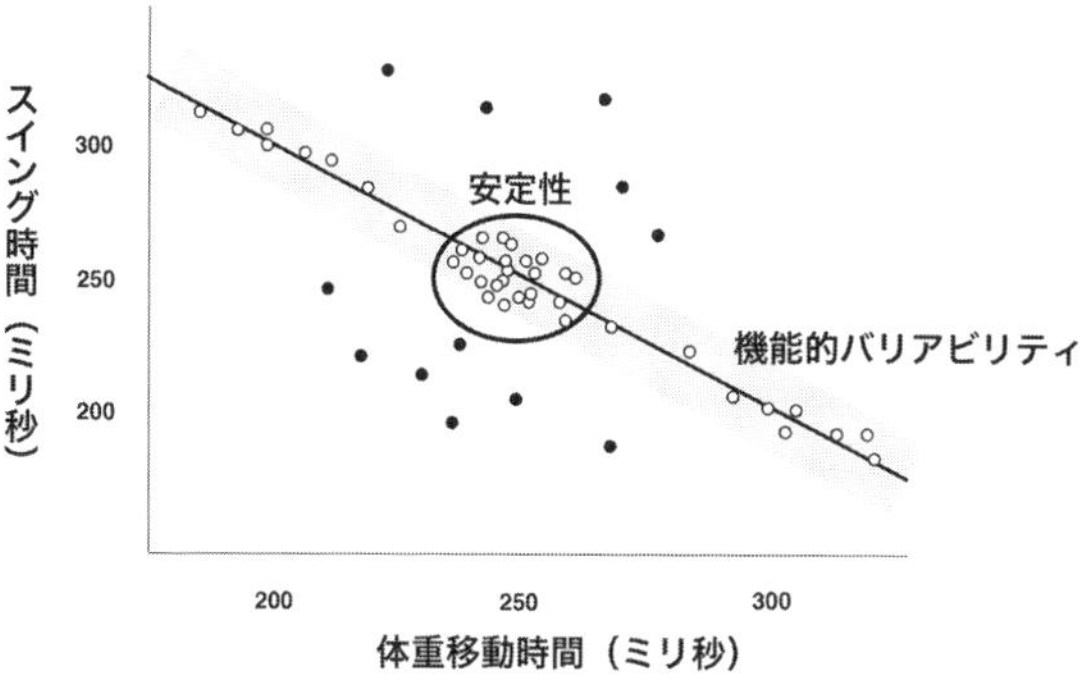

※直線に沿うようなバラツキは良い変動性（白丸）、直交する方向へのバラツキは悪い変動性といえる（黒丸）。

ことです。**図1-8**の丸で囲ったあたりに、動作の安定性が見出せます。丸から外れていても、直線（制約）に沿うように散らばる白丸が良いバラツキ、すなわち機能的バリアビリティです。

ここまでの話を受けて、疑問を感じた読者もいるでしょう。機能的バリアビリティ、つまり良い変動性は、従来の反復練習で身につくものなのか？ と。サッカーであれば、変化のない単純な繰り返しに終始するパス&コントロール、ボールマスタリー、シュート練習、ゴールキーパーのスキルドリルなどで、良い変動性が得られるか、どうかです。

ポイント

・伝統的アプローチで「誤差、エラー」と表現されてきた動作の変動性の中には、パフォーマンス結果の安定に貢献するものがあり、それを「機能的バリアビリティ」と呼ぶ。

・「縮退」という人体の特性に基づき、パフォーマンス結果の安定性を高めるためには、動作の安定性と機能的バリアビリティの両立が望ましい。

繰り返しのない繰り返し

機能的バリアビリティの存在に、すなわち良い変動性があると、最初に気がついたのは、ロシアの運動生理学者ニコライ・ベルンシュタインだとされています。ベルンシュタインの研究は、エコロジカル・アプローチを含めた現代の運動科学に、多大な影響を与えています。彼の著名な研究が「熟練した鍛冶屋のハンマータスク」です。ベルンシュタインはこう主張します。

・経験豊富な鍛冶屋は、金属を鍛錬するために毎回同じ場所を叩いているが、毎回同じ動きを繰り返しているわけではない。

・もちろん、ある程度の動作の安定性は観察される。毎回ランダムな動きをしているわけではない。
・しかし、毎回同じ場所をハンマーで叩くためには、一つ前の打撃動作に応じて、次の動作を変化させなければならない。

叩いたハンマーが跳ねすぎてしまった場合は、その打撃動作に応じて、次の動作を変化させなければならないということです。叩いたハンマーが横へずれてしまった場合も同様に、次の動作を変化させなければなりません。

この研究が示唆している通り、スキルに熟練するための鍵は、厳密に同じ動作を反復することではありません。「同じ結果を出すために、違う動きをすること」です。

ベルンシュタインはこれを「繰り返しのない繰り返し」と名づけました。野球でヒットを打つ、バスケットボールでフリースローを決めるなど、同じ結果を繰り返すためには、動作自体は繰り返さず、適度に変える必要があるのだと主張しています。運動結果の安定性と、それに必要な動作の変動性の逆説的な関係を「繰り返しのない繰り返し」と表現しているわけです。

この「繰り返しのない繰り返し」は、機能的なバリアビリティを引き出すトレーニングの代名詞となっています。

ここからは少し具体的な話をしましょう。機能的なバリアビリティを引き出すために、どのようなトレーニングをすれば良いのでしょうか。

例えばパス&コントロールであれば、距離や角度を変化させます。シュートドリルであれば、シュートを打つ位置や状況を変化させます。角度や距離、位置や状況といったオーガナイズを変化させるわけです。伝統的アプローチのトレーニングでは、同じオーガナイズで反復します。

エコロジカル・アプローチが推奨しているのは、運動課題をバリアビリティ豊かに解決していく、こうしたトレーニングです。その達成に必要なのが「制約操作」です。練習環境に存在する制約を、継続的に変更していくことを、制約操作と称しています。

制約操作が良い変動性を高めることを検証した、バッティングタスクに関する実験もなされています（Gray、2020）[14]。実験の結果、球速や球種を頻繁に変えた制約操作グループでは、体重移動時間とスイング時間の機能的バリアビリティの増幅に成功し、単純な反復練習グループでは達成できなかったと報告しています。

エコロジカル・アプローチという運動学習理論を実践する制約主導アプローチは、この「制約操作」をプリンシプルの一つとしています。パフォーマンスの結果を安定させるために、練習環境の重要な制約を操作し、機能的バリアビリティを引き出します。厳密に同じ動作を繰り返すのではなく、「繰り返しのない繰り返し」ができる学習環境を制約によって作りつづけるということです。

2 生態心理学領域

本章のここまでの前半部分では、人の身体各部のコーディネーションがどのように生まれるか、エコロジカル・アプローチという運動学習理論を支えている「動的システム理論」について解説してきました。ここからは、そのコーディネーションに人の知覚がどのように影響しているか、エコロジカル・アプローチを支えているもう一つの学問領域「生態心理学」について概説していきます。

人はどのように周囲の環境を知覚して、自分の身体をコントロールしているのでしょうか。その「知覚と運動制御」についての解釈でも、エコロジカル・アプローチは伝統的アプローチとは異なる立場を取っています。伝統的アプローチとの解釈の違いは、トレーニング環境をデザインする上でどのような違いをもたらしているのでしょうか。まずは「認知して↓判断して↓実行する」という、一般的に知られている運動制御モデルが、何を意味しているかと

図1-9　伝統的アプローチの運動制御モデル

いう話から始めましょう。

認知→判断→実行 vs. 知覚ー運動カップリング

エコロジカル・アプローチの土台にある生態心理学とは異なり、従来からの認知心理学が採用しているのは「認知→判断→実行」の運動制御モデルです。何らかの刺激が感覚を通した情報となって脳に伝わり、脳がその刺激を解釈するのが認知です。認知に基づき、どのような運動をするのが良いか、選択するのが判断。身体に実行するよう指令を出すのが実行です。伝統的アプローチは、この「認知→判断→実行」モデルに基づき、人の認知や運動の実行をモデリングしてきました（図1-9）。

このモデルの特徴は、単方向的な流れにあります。単方向的とは、認知、判断、実行のそれぞれを別のプロセスと捉えているということです。実行のプロセスは実行だけで完結します。そこに判断のプロセスは含まれていません。判断のプロセスも判断だけで完結します。そこに認知のプロセスは含まれていません。

それぞれ独立しているので、別々にトレーニングして、後で合成できるという考えにもつながります。その考え方に基づいて、例えばビジュアルトレーニングで認知を鍛え、ビデオフィードバックを用いたミーティングで判断を鍛え、認知や判断を伴わないスキルドリルで実行を鍛える、というような分解的なトレーニングが伝統的アプローチでは行われてきたわけです。

そのような分解的なトレーニングは、はたして有効なのでしょうか。研究事例をいくつか紹介しましょう。

一つはバレーボールの選手を対象とした、ニューロトラッカーという知覚能力のトレーニングシステムに関する実験です（Formentiら、2019）[16]。参加者はコンピューターの画面上をランダムに動き回る小さな黄色い球のセットを、目で追うように指示されます。このトラッキング中に、他の動作は伴いません。

実験結果は、次のようなものでした。被験者は、ニューロトラッカーの課題をこなすことには、たしかに熟達していました。しかし、コート上でのプレーの正確さには、まったく向上が見られなかったということです。実際の運動を伴わないこうした知覚単体のトレーニングや、ボールや相手選手の動きを伴わない知覚に関する学習ツールは、その学習効果を裏づけるエビデンスにまだ乏しいというのが現状のようです。

もう一つは、フットサルのパス課題を対象とした、判断を伴わない実行プロセスだけのトレーニングに関する研究です（Travassosら、2012）[17]。どこにパスを出すべきか、判断する必要のない課題では、パスの速度や正確さの指標で判断を伴う課題との類似性が低く、試合への転移は限定的だと、この研究は報告しています。おさらいですが「転移」とは、学習したスキルが試合で発揮されることを指しています。

サッカーのクロスからシュートというトレーニングを対象とした研究には、ディフェンダーを付けないトレーニングの転移を否定しているものもあります（Orthら、2014）[18]。その研究によると、クロスの練習にディフェンダーを付けなかったり、ディフェンダーとの距離が遠すぎたりすると、試合で使うクロスとは事実上異なる運動を学習していることになるそうです。

認知、判断、実行を別々にトレーニングすると、試合に転移しない、移転しにくいという報告は、この他にも数多くなされています。そうした研究は、第2章でも紹介していきます。

伝統的アプローチがこうした「認知→判断→実行」の運動制御モデルに基づいているのに対して、エコロジカル・アプローチは「知覚－運動カップリング」という運動制御モデルに基づいています。ちなみにカップリングは「結合」を意味しています。知覚と運動は双方向に影響を与え合うため、分解してトレーニングすべきではないという含意が込められています。

「知覚－運動カップリング」は、生態心理学の中心的な研究者であるジェームズ・ギブソンが提唱した運動制御モデルです。生態心理学という学問の中では「知覚－行為カップリング」

と表現されています。

ギブソンはこう考えます。人は環境を知覚することで動作を生み出し、その動作によってより豊かな知覚を生み出し、より豊かな知覚によって次の動作を生み出す。この「知覚→動作→より豊かな知覚→動作→より豊かな知覚→……」というサイクルが途切れることなく継続すると捉えるのが「知覚‐運動カップリング」という運動制御モデルです（図1‐10）。

「動くためには知覚しなければならないが、知覚するためには動かなくてはならない」

ギブソンは、循環的で双方向の知覚と運動の関係を、そのように要約しています。

具体例を挙げましょう。経験豊富なゴルファーは、パッティングをする前に、ボールとカップの間を積極的に動いて、視点の角度を変えながら、知覚できる情報を増やします。得られた豊かな情報を元にして、どのようなパッティングが最適か、判断しています。

図1‐10　**生態心理学の運動制御モデル**
（知覚‐運動カップリング）

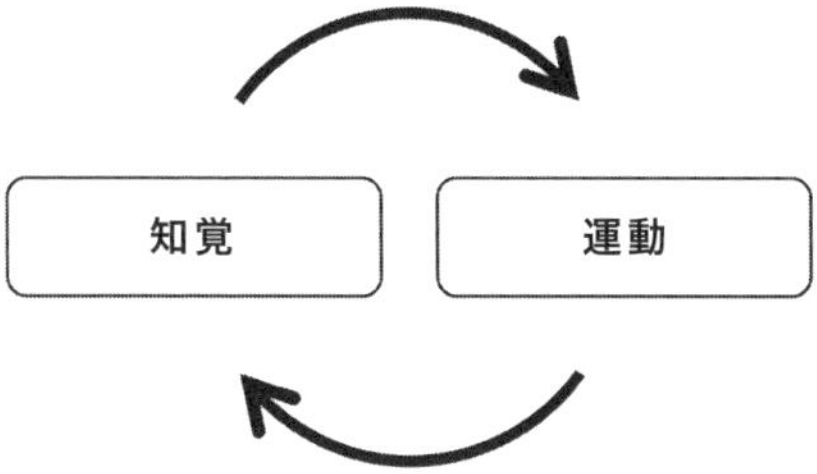

運動を生み出しているのは知覚であり、知覚を生み出しているのは運動だと、エコロジカル・アプローチでは考えます。この運動制御観に立てば、知覚と運動を分解したトレーニングには運動学習効果が見込めません。ゆえに、前述したような知覚単体のトレーニングや実行単体のトレーニングは避けるべきだと強調しています。

ポイント

・「認知→判断→実行」という単方向の流れを想定すると、それぞれを分解してトレーニングできるという発想へ至りやすい。
・「知覚−運動カップリング」という双方向の流れを想定すると、それぞれを分解したトレーニングの効果は疑わしいものとなる。

知覚と動作の緊密な関係

知覚と運動の密接な関係を支持している研究結果を紹介しましょう（Milner＆Goodale、1997）[19]。物体の傾きを正しく知覚できない認知症の患者に、ポストの投函口の傾きと同じ角度にハガキを傾ける動作を求めたときと、実際にハガキを投函するよう求めたときで、投函口の傾きをどれだけ正しく認識できているかの実験です。明らかになったのは、ハガキを傾ける〝動作だけ〟を求められた場合はポストの傾きを正しく認識できず、実際に投函するように求められた場合は、かなり正しく傾きを認識できていることでした。この論文の著者らは、その理由を、実際の運動を伴う知覚と伴わない知覚では、脳の別の回路が使われているからだと説明しています。

サッカーのペナルティキックに対するゴールキーパーの視点を対象とした研究もあります(Dicksら、2010)。[20] PKを蹴るシーンのビデオ映像を見せて、どのコースにキックが飛んでくるかを言語的に「右」、「左」などとジャッジさせた場合と、実際にキッカーと対峙してPKを止めるように指示された場合では、GKの見ている場所にかなりの違いがあることが明らかになっています。

これらの研究結果が示しているのは、動作を伴うと知覚が変化することです。動作が知覚に影響を与えているからです。その一方で少し前に紹介したフットサルのパス課題や、サッカーのクロスに関する研究は、知覚が変化すると動作が変化することを示しています。知覚が動作に影響を与えているからです。

以上をまとめると、動作は知覚に依存していて、知覚は動作に依存しています。知覚と運動を分解したトレーニングでは、学習したスキルが試合で発揮される転移の可能性は低くなるということです。転移の可能性を上げるには、試合で知覚する情報と、試合で行う運動をできるだけ忠実にシミュレートしたトレーニングが望ましいと結論づけることができます。

試合で見たり、感じたり、行ったりすることが、どれぐらい練習環境に存在するかを「代表性」と表現します。代表性の高い練習環境で獲得したスキルは試合への転移が良く、代表性が低いと転移は限定的だとするのが、エコロジカル・アプローチの重要な主張です。エコロジカル・アプローチの実践である制約主導アプローチは、この代表性もプリンシプルの一つとしています。

ある状況を知覚したら、あるプレーが引き出される。これがエコロジカル・アプローチにおける機能的なスキルの習得です。必要なのはスキルの学習者が、知覚する情報と動作の関連性を強化していくプロセスで、知覚と動作を別々にしたトレーニングではありません。

推奨されているのは、タスクの単純化です。

タスクの単純化とは、ゲーム形式を保った練習の中で、学習者のレベルに合わせて制約（コートサイズ、ルール、器具など）を単純化する、学習デザインを指しています。実際の試合と同じような知覚や判断を伴わない実行のみのスキルドリルは、タスクの単純化ではなく、タスクの分解です。

本章の序盤で紹介したテニスの実験を例にして説明すると、バックハンドだけを試合から取り出し、反復練習するスキルドリルはタスク分解です。これに対し、試合形式を維持しながらセンターラインをずらし、苦手なバックハンド側のスペースを広くする学習方法がタスク単純化です。その学習者にはラケットが重すぎる、コートが広すぎるなどの場合に、軽いラケットに変えたり、より狭いコートで学習させるたりする操作もタスク単純化に含まれます。このように実際の試合に存在する重要な制約・知覚情報を維持したまま、タスクの難易度を軽減するのがタスク単純化です。

ポイント

- 知覚は動作に、動作は知覚に依存して変化する。
- 試合への転移の可能性を高めるには、試合環境での知覚と運動に類似した代表性の高い練習環境が望ましい。
- 代表性を高く保つためにはタスク分解ではなく、タスク単純化が望ましい。

どちらの指導が効果的か？ 言語 vs. 環境（アフォーダンス）

知覚と運動は密接に関係している。この発想の根幹にあるのが、「アフォーダンス」という生態心理学の中心的な概念です。アフォーダンスは「環境から与えられる行為の可能性」と定義されています。

人は誰かに何かを言われなくても、環境を知覚するだけで、あらゆる運動の可能性を想起し、実行することができます。例えばスイッチに触るだけで、その形状が押せばいいのか、弾けばいいのか、回せばいいのか、どのように操作すべきか教えてくれます。自動車のドライバーは、路面がでこぼこした減速帯に差しかかれば、スピードを落とします。自分以外の誰かに言葉で指図されなくても、環境から直接的に、しっくりくる運動や動作を感じ取っているわけです。

私たちが日常的に接している環境は、アフォーダンスに満ちています。「環境から与えられる行為の可能性」に満ちているということです。「行為の可能性」を言い換えると「行為を制約するもの」です。制約されているからこそ、運動や動作を選びやすくなっているということです。

アフォーダンス（affordance）は、「与える、提供する」を意味するアフォード（afford）という動詞から、生態心理学の中心的な研究者であるギブソンが作った造語です。そもそもスポーツには、環境から与えられる制約を、遊びに換えている側面があります。

ボールは人が巧みに操作することをアフォードしています。雪山の斜面は人が滑ることをアフォードしています。岩肌は人がクライミングすることをアフォードしています（写真1－3）。

アフォーダンス理論によれば、写真1－3のような環境がなければ、具体的、専門的、特異的な運動は生じません。運動とは、環境に対して自分の身体で何ができそうか、探索した結果、生じるものです。つまり環境と人の相互作用の結果として現れるのが運動という考え方です。環境ごとに、その環境の特性があります。それが制約です。制約が持つ影響力は強いので、エコロジカル・アプローチは「練習環境の制約をデザインすることによって、運動学習を主導する」という発想に至っているわけです。

エコロジカル・アプローチという運動学習理論では、人が運動するときに環境が与える影響力の強さを、しばしばコーチによる言語的な指導と対比します。その主張を要約すると、コーチによる言語的な指導よりも、環境（制約）による指導のほうが運動に与える影響力は強く、効果的だ、ということになります。

写真1-3　人間と環境の相互作用によって生じる運動の例

Photo: Getty Images

※このような環境がなければクライミングのような特異的な運動は生じない。一方、まったく同じ人工のクライミングコースでも、身長、四肢の長さ、得意な動作パターンなどの個人制約が異なるため登り方も異なるものとなる。

テニスのフォアハンドとバックハンドの比率の改善を対象とした、実験結果を思い出してください。コーチの言語的な指導や模範のデモンストレーションに基づくスキルドリルでは比率を改善できませんでした。一方、センターラインを通常よりも左右どちらかに寄せるという制約操作によって、比率は改善され、その後のパフォーマンステストでも良い結果を示しています。これも、環境からの情報が人の運動に与える影響力の強さを物語っている一例です。

別の言い方をすると、スキルの習得とは、動作単体を学習することではありません。機能的で試合に役立つアフォーダンス（環境から与えられる行為の可能性）を習得していくことです。環境から知覚する情報と、スキルの関連性を緊密にしていくことです。

具体的な例を挙げましょう。例えば、ディフェンダーの重心が一方に傾いているという情報を知覚したら、逆方向にボールを運ぶというスキルが想起されます。ディフェンスラインの背後にスペースがあると知覚したら、スルーパスというスキルが想起されます。

スルーパスのようなスキルを実際の試合で機能的に発揮する（＝転移）ためには、実際の試合で見たり、感じたり、行ったりすることが十分に存在している「代表性の高い」練習環境でプレーして、機能的なアフォーダンス（環境から与えられる行為の可能性）を獲得していくプロセスが必要なのです。

◉補足コラム1-3　Knowledge of と Knowledge about

エコロジカル・アプローチの親学問である生態心理学の中心的な研究者であるギブソンは、環境に関する知識を、運動を制御する知識の「Knowledge of（環境）」と、そうではない知識の「Knowledge about（環境）」に区別しています（Gibson、1966）[21]。その上で指摘しているのは、運動を制御する知識は必ずしも言語化できず、言語化すると不正確になる可能性があるということです。

その一方で「Knowledge about（環境）」の知識は、本質的に言語化によって他人と共有するための知識であるとしています。絵やその他の記号を含めたあらゆるタイプのコード化により他人と共有できる知識全般を指しています。

ギブソンによるこの区分が意味しているのは、運動に使われる知識と言語によって表現できる知識は別のものであるという可能性です。この区分が正しいならば、コーチによる言語的な指導だけの運動学習は、学習効果が限定的になってしまうと考えられます。

実際のところ、トップアスリートたちは、かなり特殊な知覚をしているようです。アフォーダンス心理学の研究者である佐々木正人氏が「時速250㎞のシャトルが見える」[22]という著作の中で紹介している、日本のトップアスリートを対象に行ったインタビューを紹介しましょう。アスリートがプレー中に感じているアフォーダンス（環境から与えられる行為の可能性）は、次のように描写されています。

◉空間のアフォーダンス
名波浩（サッカー）
「ゴールへの完璧なパスコースが光り輝く」

◉地面のアフォーダンス
皆川賢太郎（アルペンスキー）
「ポールは〝縦への落下〟でクリアする」

◉空気のアフォーダンス
船木和喜（スキー・ジャンプ）
「ジャンプは飛ばずに『風』に乗る」

◉他者のアフォーダンス

野村忠宏（柔道）

「相手の股下に背負い投げへの『道』が見える」

アフォーダンスをテーマとする佐々木氏のこの書籍には、ボート競技の武田大作選手が語った「オールを水に入れて漕ぐ際の知覚と運動感覚に関する」以下のコメントも掲載されています。

「豆腐に包丁を入れる感じですね。豆腐に包丁を入れて壊さないで後ろへ持っていくような感じです。水を壊しちゃ絶対にダメです。オールが水に入っていく間はまだ水とは『触れていない隙間』があります。この時点ではまだ支点ではありません。水とオールが『くっついた』瞬間に一気に力を入れる。そうするとボートが動くわけです」

このコメントからも、トップアスリートがかなり特殊な知覚をしていることが分かります。なぜ特殊かと言えば、実際に環境と関わり、運動を通じて環境に働きかけなければ知りえない知識だからです。この知識がギブソンの言う「Knowledge of」で、素人の感覚では分かりそうで分かりません。

この書籍が、あえてそうした知識の言語化を試みたことは、もちろん承知しています。その上で付け加えると、運動に関わる知識のすべてを正確に言語化するのは難しく、必ずしもそうする必要もありません。なぜならば、言語化が可能な「Knowledge about」の知識を持たなくても、運動はできるからです。

運動するための知識は言語化が難しく、不正確なものになりやすいというギブソンの主張を考慮に入れると、コーチが口頭で指示したり、アドバイスしたりする「Knowledge about」の提供だけでは、運動を制御するには不十分だと言えます。仮に前述したボート選手の水の塊の話を理解できたとしても、実際にそれを知覚してボートを漕げるかどうかは別の問題です。

コーチから提供される「Knowledge about」の知識を実際の運動で活用するためには、実際に運動する環境に自分の身を置いて「知覚⇕運動」の相互作用を実際に体験し、聞いただけの知識を自分自身の運動に使える知識に変換していくプロセスが必要です。そのプロセスを通して、アフォーダンス（環境から与えられる行為の可能性）を獲得していきます。

適切な言語化のためのエコロジカル・アプローチからの助言

誤解を招かぬように付け加えておくと、言語的な指導のすべてを否定しているわけではありません。指導者がスキルや戦術を言語化して、自分の頭の中で整理する。他のコーチと共有する。いずれも、まったく問題なく、むしろ素晴らしいことです。選手のモチベーションを高めるためのいわゆる〝ペップトーク〟なども、明らかに必要です。

ただし、「選手の運動に関わる言語使用」と「選手自身が運動を言語化すること」について、エコロジカル・アプローチは以下の留意点を挙げています。

①運動の内容を規定する言語的指導を避ける。

制約を設けることで、人は自分の自己組織化の能力を活かせます。様々な実験を通して自己組織化アプローチの学習パフォーマンスの高さは裏づけられているので、本当に教えたいこと、伝えたいことは、制約を設けて自然と気づかせるのが望ましいです。

言語的な指導はプレイヤーが気づいていないプレーアイディアの提示など、学習者本人の探索をサポートするような内容に留めるべきです。自己組織化を妨げる、言語による規定は避けるようにと、エコロジカル・アプローチは助言しています。

②環境と運動の結合プロセスが中心であるべき（言語は補足情報）。

トレーニングしたことを試合に転移させるためには、代表性の高い練習環境で実際にプレーする必要があります。「あれだけ言ったのに、なぜできない？」「ミーティングで説明したのに、なぜできない？」などと、こうした言語的指導で学習が完了すると思ってはいけないと、エコロジカル・アプローチは助言しています。

言語的指導はあくまでも補足情報の提供に留め、学習者に実際にプレーさせて、環境情報の知覚と運動の関連性を強化する過程に重きをおくべきです。大切なのは、アフォーダンス（環境から与えられる行為の可能性）の獲得です。

③プレイヤーは自分の運動を言語化できる必要はない。

エコロジカル・アプローチの考え方では、プレイヤーは自分の運動を言語化できるようになる必要はありません。試合環境のどこに重要な情報があるか、それだけを知っていればいいと考えます。

例を挙げましょう。サッカー選手が1対1でドリブルを仕掛けるときは、ディフェンダーの身体のどこを見れば抜きやすくなるかが分かっていればよく、どうすれば抜きやすくなるかを言葉にしておかなくても、機能的なドリブルは実行できるということです。特定の環境に身を置いたときに、何をすべきか分かればよく、それを言語化する必要はありません。

ちなみに、伝統的アプローチの考え方では、プレイヤーがエキスパートに近づくと、脳内に記憶されている運動に関する知識が増えていき、言語化する能力も高まると考えられています。しかし、エコロジカル・アプローチの研究では、言語化の能力と競技力の間に直接的な関係はないとされています（Araújoら、2009／Silvaら、2013などを参照されたい[23,24]）。

④実施したトレーニングにおける運動を言語化できる必要はない。

言語化しやすいトレーニングは、二人一組のパス&コントロールと、スモールサイドゲームのどちらでしょうか？ 練習後、今日は何のトレーニングをしたか、選手に質問すると、明らかにパス&コントロールのほうが明確に言語化できます。なぜなら、4対4や5対5のスモールサイドゲームでは、様々な種類のパスとコントロールがランダムに求められるので、何のトレーニングをしたか、明確に答えるのが難しいからです。

ところが、スキルの学習効果が高く、試合への転移も良いのは、代表性やバリアビリティが適度に高いスモールサイドゲームのようなトレーニングというのが一般的です。つまり、良いトレーニングほど、何を学習したか言語化しにくい可能性が往々にしてあるわけです。トレーニング後の反省などの機会に、学習者がトレーニングで何を学んだか明確に言語化できなくても、悲観的に捉える必要はないとエコロジカル・アプローチでは考えます。

事前の計画＋正確な実行 vs. プレー中の探索＋適応的実行

「認知→判断→実行」という伝統的アプローチの運動制御モデルでは、事前の計画を正確に実行できれば、パフォーマンスは向上すると考えられてきました。例えばバスケットボールのフリースローであれば、「認知」された情報をもとにして、「判断」の過程で関節の動かし方を事前に計画しているので、動作の「実行」が始まると、フィードバックはいくつかの時点でしか働かないとする考え方です。実行する動作を安定させるために、タスクを分解し、反復トレーニングを繰り返すという発想は、動作の学習は環境から独立しているという運動制御観に後押しされています。一旦「実行」を始めると、その時点からの環境変化は問題になりにくいとする運動制御観です。端的に言えば、この運動制御観では環境はあまり重要ではありません。だからこそ、環境からタスクを分解して、同じ動作を正確に繰り返させようとするスキルドリルという発想に至るわけです。

これに対して、エコロジカル・アプローチの「知覚-運動カップリング」という運動制御モデルでは、動作を開始する前の計画の間にも、動作の進行中にも絶えずフィードバックをして、動作を修正し、調整し、時にはキャンセルして、別の実行を探索していると考えます。フリースローの動作が始まってからでも、身体の末端から脳へと送られる求心性の情報を使って、例えば「膝の伸展運動が思ったよりも小さかった↓だから肘関節の伸展をより強く使おう↓肘関節の伸展を強く使いすぎた↓だから手首の運動を抑えよう」というように、もちろんこのようにはっきり意識しながらとは限りませんが、動作の実行中にも継続的にフィードバックしながら運動目的を達成していきます。オンライン・コントロールと呼ばれる継続的な修正で、運動の実行中に自身の変化、周囲の環境変化を知覚し、運動を修正しつづけるような運動制御モデルです。端的に言えば、この運動制御モデルでは環境がすべてであり、環境変化に動作を適応させることが目的となります。

それぞれの運動制御モデルの特徴は、伝統的アプローチが「事前の計画+正確な実行」であり、エコロジカル・アプローチは「プレーしながらの探索+適応的実行」となります。

実際の運動を的確に捉えているのは、どちらのモデルなのでしょうか。

エコロジカル・アプローチのこれまでの研究を要約すると、上級者に近づけば近づくほど、「プレーしながらの探索+適応的実行」に近づいていくそうです。

バスケットボールのフリースローやバレーボールのサーブを観察した研究では、熟練したプレイヤーは動作の開始時に一貫性がなく、動作の終盤にかけて一貫性が増加していくとのことです（Davidsら、2001）[25]。バレーボールのサーブであれば、熟練したプレイヤーはトスしたボールが落下してくる情報を継続的に知覚し、その情報に基づき、サーブする腕とボールの位置関係などに高い一貫性を作り出しています。サーブ動作の序盤は、トスしたボールと身体の位置関係が毎回違うというように、一貫性が低いそうです。

こうした動作の終盤に向けての一貫性の増加は、運動の事前の計画を鍵とする伝統的な運動制御観では生じないはずです。むしろ一貫性がもっとも高いのは動作の序盤で、そこから徐々に一貫性は減少していくでしょう。

同様の研究結果は、卓球（Bootsma＆Wieringen、1990）[26]、野球のキャッチボール（Montagne＆Laurent、1994）[27]、野球のバッティングや走り幅跳び（Williamsら、1999）[28]などでも確認されています。こうした研究結果が示唆しているのは、優れたアスリートは単に事前に計画した運動を正確に実行しているわけではなく、自身の運動のズレや周囲の環境変化に応じて動作を修正する能力に長けているということです。

運動制御に関するこの比較的新しい知見は、優れたスキル、優れたアスリート、優れたチームとはどういうものか、解釈するための新たな視点を与えてくれます。

ポイント

・事前の計画を正確に実行できるようになる＝エキスパートに近づく、ではない。

・プレーしながら探索し、適応的に実行できる＝エキスパートに近づく、である。

◉ **補足コラム1－4　創発性を持つシステムは分解に不向き**

自己組織化の傾向を持つシステムには、創発性という特性があります。創発とは、システムを構成している要素と要素が作用し合い、個々の要素が干渉し合わずに存在しているときには示さない性質が現れる現象です。

多様で複雑な運動が人に可能なのは、様々な筋肉が協調しているからです。単一の筋肉ではそのような運動は不可能です。それぞれの筋肉が機能しているのは必要な細胞が集まっているからです。細胞がバラバラの状態では筋肉として機能しません。細胞が協調しているから筋肉という新たな働きが創発され、筋肉が協調しているから人の多様な運動という新たな働きが創発されるのです。

創発性を持つシステムに、分解と再結合という発想は成り立ちません。例えばバレーボールの初学者がサーブを学習するとします。ボールを上に放り上げるトスの動作と、落下してくるボールを打って相手のコートに入れる動作を別々に練習して、サーブは上達するのでしょうか。本文中で紹介した研究で発見されたのは、トスの動作だけを求めた場合と、一連の動作をすべて行うように求めた場合とで、トスされたボールの高さ、軌道、速度などが大きく異なっているということでした（Davidsら、2001）[25]。

このように一連のスキルをすべて行う場合、個別のスキルの実行にはない動作や知覚が求められ、創発されます。スキルを分解した練習では、事実上別の運動を学習しているため、試合への転移は起こりにくいということです。

同様の指摘は、チームスポーツの集団的なスキルにも当てはまります。例えばサッカーでDFのユニット、MFのユニット、FWのユニットなどに分割して攻撃や守備の練習をすると、実際の試合で選手と選手が協調するサポートやカバーリングとは異なるものを学習してしまうことがあります。

チームも一つのシステムと見なせば、創発性を持っています。攻撃の局面、守備の局面、トランジションの局面などとフェーズを分解する練習を含め、分解↓結合という発想は、パフォーマンスの向上に貢献しない可能性があることを念頭に置いておくべきです。チームコーディネーションの自己組織化については第3章で詳しく解説していきます。

3 エコロジカル・ダイナミクス・アプローチ領域

育成できるアスリートとスポーツチームがこう変わる

本章の最後に、そもそものアプローチが異なると、育成できるアスリートにどのような違いが出てくるかという観点から、エコロジカル・アプローチの特長を、伝統的アプローチと比較しながら解説していきます。

マーチングバンドと鳥の群れを、本章の冒頭で比較しました。マーチングバンドには事前に計画されたプログラムがあります。プログラムの正確な実行が、高いパフォーマンスにつながります。伝統的アプローチの「事前の計画＋正確な実行」という運動制御モデルと同じです。この種のシステムには、環境変化が少ないところで安定的にパフォーマンスを発揮できるという利点があります。練習環境と同じような環境で、とくにトラブルもなくパフォーマンスできれば、本番での再現性は高いでしょう。しかし、環境が変化したら、どうでしょうか。

誰かが転ぶ。ミスを犯す。本番と練習会場の広さが違う。ターンする地点の目印が消えている。環境にこうした変化が生じると、変化に対応するのは非常に難しいでしょう。それもそのはずで、直面しうるすべての環境変化を想定して、振付師が計画するなど無理難題ですし、そもそもバンドのメンバーは、環境変化にどう対応するかの練習はおそらくしていません。

これに対して鳥の群れには、事前のプログラムは最初からありません。どの方向に飛んでいくか、どのような状態で飛行するか、その時々の環境に制約されるので、再現性は低くなります。しかし、もともと課題がそうした制約にどう適応するかにあるので、環境の変化は問題になりにくいのです。

一羽の鳥がミスを犯しても、周囲の鳥は「つかず、離れず、方向を合わせる」というシンプルなルールに基づき、位置を調整します。風向きなどの変化にも柔軟に適応し、それを活用することすらできます。

マーチングバンドは環境変化が少ないところでの目的達成に優れたシステムで、鳥の群れは環境変化に適応しながらの目標達成に優れたシステムだと言えます。再びこの対比を持ち出したのは、伝統的アプローチの理想とするアスリート像と、エコロジカル・アプローチの理想とするアスリート像を、それぞれ反映しているからです。

マーチングバンドのように育成された選手は、トレーニングで経験しているシチュエーションにはめっぽう強い反面、未知の状況や予想外の状況に遭遇したときの対応力は高くありません。それもそのはずで、コーチが用意した正解（ソリューション）を、それこそ暗記するかのようにトレーニングしてきたわけですから、未知や予想外には弱くて当然です。

これに対して、コーチが正解ではなく、絶えず運動課題（制約）を与え、ソリューション自体は学習者が探索するタイプのトレーニングを、エコロジカル・アプローチは推奨しています。このアプローチであれば、鳥の群れがあらゆる環境変化を問題にしないのと同様に、それまで経験したことのない状況に試合中に遭遇したとしても、プレーしながら機能的なソリューションを探索し、発見していけるでしょう。

こうした対応力の違いは、チームスポーツの戦術にもっとも顕著に表れます。

伝統的アプローチの戦術指導では、事前にプログラムを決めておきます。サッカーであれば、ビルドアップのときのシステムはこうで、ボールはこう動かす。このように相手を越えていくと事前にプログラムしておいて、試合本番ではその忠実な再現によりパフォーマンスが高まるという考え方です。

これに対してエコロジカル・アプローチの考え方では、対戦相手の守備の意図やシステムなどが事前に予想していたものと違っても、ビルドアップのシステムやボールの動かし方を柔軟に変化させて、プレーしながらその時々の制約に適応する力を使い、パフォーマンスを高められると考えます。

もしもサッカーが内的変化も外的変化も少ない競技なら、マーチングバンドのような事前の計画と正確な実行でも対応できるかもしれません。例えば、セットプレーだけで進められるような競技であれば。

最近の研究では、特定の戦術を学習させないほうが、学習パフォーマンスは高いというエビデンスが集まりつつあります。特定の戦術を学習させるのではなく、常に制約を変化させて、絶えず「学習者のプレー中の探索＋適応的なプレーの実行」を引き出すほうが、スキル学習でも、味方の選手との協調に関する学習でもパフォーマンスが高くなるというエビデンスです。制約とは、4対4や5対5のようなスモールサイドゲームの人数、コートサイズ、ルール、ゴール方式などです。このあたりの詳しい話は第2章に譲ります。

学習したことしかできないアスリートではなく、未知の状況でも解決できるアスリートを育成していくために、答えを教える指導者（Solution Setter）から、制約のデザイナー（Problem Setter）へ。このようなコーチ像の進化が必要です。

同様に望ましいのは、ゲームモデル、原理原則、コンセプト、ポジショナルプレーを解答としてではなく、自己組織化を導く制約の一種として用いることです。詳しい話は第3章に譲ります。

ポイント

・熟練したアスリートやスポーツチームは、事前の計画に過度に頼らず、環境変化に柔軟に対応できる適応的な存在だ。

・コーチは答えを教える「ソリューション・セッター」ではなく、学習者に運動課題を投げかける「プロブレム・セッター」であるべきだ。

スキルを習得するとはどういうことか？

エキスパートになればなるほど、プレーしながら動作を環境に適応させる傾向が強くなるのは前述した通りですが、これはエキスパートに限った話ではありません。人は誰でも、未知の状況にスキルを適応させなければならないからです。例えば新しいランニングシューズで初めて走るとき、レンタカーで未知の車種の車を初めて運転するとき、友人の自転車に初めて乗るとき、新しいキーボードを初めて叩くとき、新しい包丁を初めて使うときなど、未知の状況はいくらでもあります。

変化するのは環境だけではありません。自分自身が発達し、成長し、学習します。病気になったり、怪我をしたり、加齢の影響も出てきます。人は継続的に変化していきます。

我々は変化する環境と、変化する自分の間に機能的な関係を構築しつづける存在です。

こうした関係構築を、我々は日常生活で、苦もなくできています。なぜ、そんなことが可能なのでしょうか。

少しややこしい表現ですが、エコロジカル・アプローチはこう主張しています。人は「動作を学ぶ（Learn to Move）」ことができるのではない。「動作を学ぶことを学ぶ（Learn to Learn to Move）」ことができるからだと（Adolph&Hoch、2019）[29]。

仮に、学んだ動作しかできないのであれば、レンタカーを借りることはできないでしょう。借りる前に、その車種の運転動作に習熟しなければなりません。コンビニでもらった割り箸を使うのにも苦労するはずです。サッカーであれば、パス&コントロールはあらゆる距離と角度で練習しておかなければなりません。シュートもあらゆるシチュエーションでトレーニングしておかなければなりません。

実際には、車を運転した経験があれば、レンタカーで違う車種の車を借りてもすぐにその車の運転に慣れるでしょう。お箸を使ったことがあれば、コンビニでもらった割り箸を手にしても、瞬時に使いこなす方法を導出できます。

スキルとは、「現在の環境で、目の前のタスクのために、身体が利用可能なアフォーダンスを各瞬間に知覚し、動作を適応させること」です。おさらいですが、アフォーダンスとは「環境から与えられる行為の可能性」を指しています。

運動を行うこと全般が、本質的に絶え間のない探索と瞬時の学習の連続だということです。エキスパートに限らず、誰でも同じようにです。

エコロジカル・アプローチの提唱者であるキース・デイビッズは、この本質を「Skill Acquisition is Skill Adaptation（スキル習得はスキル適応なり）」と表現しています。

サッカーでは、まったく同じ状況でパスを受けることも、まったく同じ状況でドリブルすることも、まったく同じ状況でシュートを打つこともありません。ある程度は類似した状況を経験しておくことはできます。しかし厳密な意味では、それまでに経験したことのない未知の状況で常にプレーしています。

以上を前提とすると、トレーニングの目的は、特定の動作のソリューションを蓄積していくところにはありません。プレーしながら自身でソリューションを探索し、発見する能力を養成していくべきなのです。コーチは不慣れな練習課題を提供しつづける「プロブレム・セッター」であるべきです。

ポイント

・スキルとは日常動作から専門的動作まで、運動課題をクリアするための環境への動作適応を指している。

・トレーニングの目的は、特定の動作の学習ではなく、学習者が自分でソリューションを導出できる能力の養成に置くべきだ。

注意のフォーカスとプレーの自動化

エコロジカル・アプローチの研究から得られた知見は、「プレーの自動化」という昨今頻繁に耳にする概念にも深い洞察を与えてくれます。自動化という言葉が、判断せずに実行できるという意味合いで使われているなら、明らかに誤りです。

筆者の所感では、こうしたコーチングに関する用語は、日本では伝統的アプローチの文脈で解釈されることが多く、「プレーの自動化」もその一つです。対戦相手や周囲の状況とは無関係に、事前に計画されたプランを自動的に実行できるのが優れたアスリートであり、プレーの自動化はその意味でハイパフォーマンスにつながるという考え方は、競技を問わず誤りです。エコロジカル・アプローチの考え方に立てば、運動するとは変わりゆく環境と変わりゆく自分の間に、機能的な動作というソリューションを見つけつづけることだからです。

エコロジカル・アプローチの文脈で「プレーの自動化」を解釈すると、あまり考えていなくても、その時々の制約に難なく適応できるような無意識的なプレーを指しています。そうしたプレーを実現しやすいのは、プレイヤーの注意が動作のフォームなどに向けられた「内的フォーカス」の状態ではなく、動作の目的などに向けられた「外的フォーカス」の状態になっているときです。

具体例を挙げましょう。例えば、サッカーの蹴り足や軸足に意識が向けられている状態が内的フォーカスです。これに対して、二人のディフェンダーの間を浮き球で通したいというような目的に意識が向けられている状態が外的フォーカスです。

以下は一般論ですが、伝統的アプローチでよく見られる動作フォームへの指導が内的フォーカスを高めやすいのに対し、運動課題の達成に注意を向けさせるエコロジカル・アプローチの指導は外的フォーカスを高めやすいと言えます。

エコロジカル・アプローチの実践である制約主導アプローチでは、「注意のフォーカス」もプリンシプルの一つです。注意のフォーカスが身体内部から外部に向けられることで、より無意識的にプレーを実行できるようになるからです。無意識的とは中枢神経系の下位レベルが働いている状態で、このような意味での「プレーの自動化」をエコロジカル・アプローチは推奨しています。

二段階の学習ステージ

高いパフォーマンスの背後に適応力が存在していることは、ここまでに記してきた通りです。それならばと、疑問を持つ読者もいるでしょう。初心者、初学者の段階から適応力を高める目的のトレーニングをするべきなのかと。あるいはビギナーが、反復トレーニングによってスキルの基本となる型のようなものを学習するのは無意味なのかと。

エコロジカル・アプローチは運動の学習ステージを、二つの段階に分けています（図1－11／Renshaw&Chow, 2019）[30]。段階と言っても、完全に区分できるわけではなく、おおむね第一段階から第二段階へと進んでいきます。

第一段階は「コーディネーションステージ」と言われ、基本的な動作の組み立てが行われます。サッカーのインサイドキックであれば、蹴り足の外旋、スイング動作、軸足での片足支持による姿勢制御、骨盤の回旋、腕のクロスモーションなど一般的に見られる動作フォームの「型」が徐々に固まっていく段階です。

次の第二段階は、学習した動作パターンを環境変化に応じて適応させる「適応（アダプテーション）ステージ」です。動いている味方の選手に、キックするボールの位置が足元から多少ずれていても、フォームを崩していてもインサイドキックでボールを送り届けられるようにしていく段階です。第一段階で固めた動作の基本的な「型」を、動的な環境変化に適応させる学習段階ということになります。

初学者が第二段階から学習を始めると、うまく進まない可能性があります。基本的な動作のパターンを習得できていないのに、いきなりバリアビリティの高い環境でスキルの適応を求められたら、圧倒されてしまいかねません。

それぞれの競技で基礎と位置づけられるシンプルな練習を繰り返すのは、第一段階の学習者には比較的有益とされています。ただし、目的を見失わないようにしてほしいと、エコロジカル・アプローチは強調しています。運動学習の目的は、基礎の最適化ではありません。動的な試合環境にスキルを適応させることです。初学者であろうと、代表性やバリアビリティの高い練習環境でのプレーが可能だと判断されたら、スキルを適応させるための練習環境にどんどん進んでいくべきです。

上級者には、基礎的な練習の学習効果はあまりないとされています。むしろ逆効果になり、スキルの適応力を下げる可能性もあるようです。第二段階に到達している学習者は、代表性やバリアビリティの高い練習環境を中心とするべきです。学習者のレベルに合わせて、適切な代表性とバリアビリティ、難易度のレベルを設定することが望ましいです。詳しい話は第2章で解説していきます。

図1-11　エコロジカル・アプローチが想定している学習のステージ

出典：Renshaw, I., and Chow, J. Y. (2019). A constraint-led approach to sport and physical education pedagogy. Physical Education and Sport Pedagogy, 24(2), 103-116.

ポイント

・トレーニングの目的は、学習した動作パターンを環境変化に応じて適応させるところにある。

・学習者が第一段階にいる場合は型の形成も有益だが、なるべく早めに環境変化に応じて動作を適応させる第二段階へ移行する必要がある。

日本の型信仰と制約主導アプローチのプリンシプル

世界中のどの国でも、動作の型を身につけるための反復トレーニングは重要視されているようですが、とりわけ日本のスポーツ指導では、この傾向が強いかもしれません。そこには型を重視する空手や、反復を徹底する柔道など、武道の影響があるように思えます。

ある運動学習の専門書は、「東洋武術のコーチが好む正確な動作の寄せ集めはほとんど目的を達成できない」と指摘しています（Bosch、2015）[31]。ほとんど達成できない目的とは、変化する環境にスキルを適応させることです。

「テクニックはあるが、サッカーが下手な日本人」という書籍では、スキルドリルは上手でも、実際のゲームでは活躍できない日本人選手像が描かれています（村松、2009）[32]。実際のゲームからタスクを分解して切り取った、要素還元的なトレーニングへの偏りを、活躍できない理由としています。

想像できるのは、日本のスポーツ指導では、試合と類似した学習環境をトレーニングに再現できずにいる傾向が他の国よりも強いという可能性です。試合の環境は刻々と変化しますし、相手と競い合わなければなりません。不確実な状況にスキルを適応させるためには、トレーニングで適応力を育める学習環境が必要です。

柔道の投げ技は、必ずしもきれいな型通りに決まるわけではありません。サッカーの試合中に使われるインサイドキックも、オーソドックスなものばかりではありません。観察されるのは、かなり高いバリアビリティ（ばらつき）です。それにも関わらず、上級者になってからも基礎を最重要視して、それができないと他のスキルもできないというような信仰が強すぎるように思えます。

エコロジカル・アプローチの視点で、テクニックはあるがサッカーが下手な日本人現象を見てみると、明確な理由と解決策が浮かび上がります。

明確な理由は、トレーニングの代表性不足、過度なタスク分解、動作のバリアビリティ不足、動作フォーム（型）へのフォーカス、以上を特徴とする練習の単調な反復です。

これらを裏返した解決策が、制約主導アプローチのプリンシプルを形成しています。トレーニングの代表性、タスク単純化、機能的バリアビリティ、外的フォーカス、そしてこれらを制約とその操作によって引き出す、という五つです。

次章では、これら五つのプリンシプルを、詳しく解説していきます。五つのプリンシプル

表1-2　**伝統的アプローチとエコロジカル・アプローチの対比まとめ**

項目	伝統的アプローチ	エコロジカルアプローチ 制約主導アプローチ
スキルの組織化	■ 規定的組織化	■ 自己組織化
スキルを組織化する者	■ コーチ、トレーナー、教員 ■ 言語	■ 制約 ■ 環境（アフォーダンス）
理想的スキル	■ ターゲット・ムーブメント	■ 学習者依存かつコンテキスト依存
コーチの役割	■ Solution Setter	■ Problem Setter（制約のデザイナー）
パフォーマンス結果の安定性	■ 動作の安定性	■ 動作の安定性＋変動性 ■ 縮退（異なるソリューションを使い分ける）
動作の変動性	■ 抑制すべきノイズやエラー	**■ 機能的バリアビリティ**
反復性	■ 繰り返し	**■ 繰り返しのない繰り返し（制約操作）**
運動制御モデル	■ 認知－判断－実行	■ 知覚－運動カップリング
分解性	■ タスク分解	**■ 代表性** **■ タスク単純化**
運動制御の特徴 優れたアスリートやチームとは	■ 事前の計画＋正確な実行	■ プレー中の探索＋適応的実行
スキル習得とは	■ 特定のスキルの蓄積 ■ Learn to Move	■ スキルの適応 ■ Learn to Learn to Move
注意のフォーカス	■ 内的フォーカス	**■ 外的フォーカス**

※表内太字は制約主導アプローチの五つのプリンシプル。

に基づいた学習環境のデザインとは、そしてトレーニングアイディアとは、どのようなものなのでしょうか。

第1章のまとめ

本章では、エコロジカル・アプローチという運動学習・スキル習得理論の概要を把握してもらうために、従来の運動学習・スキル習得理論と対比しながら解説を加えてきました。**表1－2**はそうした対比をまとめたものです。一覧できる資料としてご参照ください。

【第１章の参考文献】

1　エコロジカル・ダイナミックス・アプローチの専門書（初版）
Davids, K., Button, C., & Bennett, S. (2008). Dynamics of skill acquisition: A constraints-led approach. Human kinetics.

2　エコロジカル・ダイナミックス・アプローチの専門書（第1版）
Button, C., Seifert, L., Chow, J. Y., Davids, K., & Araujo, D. (2020). Dynamics of skill acquisition: An ecological dynamics approach. Human Kinetics Publishers.

3　Ben, Bartlett. (2021). Constraining Football: A vision for player development. Soccer Coach Weekly.

4　Barça innovation hub. (2021). FOOTBALL ANALYTICS 2021: The role of context in transferring analytics to the pitch.

5　Gómez, A., Roqueta, E., Tarragó, J. R., Seirul·lo, F., and Cos, F. (2019). Training in Team Sports: Coadjuvant Training in the FCB. Apunts. Educación Física y Deportes, 138, 13-25.

6　Pons, E., Martín-Garcia, A., Guitart, M., Guerrero, I., Tarragó, J.R., Seirul·lo, F., Cos, F. (2020). Training in Team Sports: Optimising Training at FCB. Apunts. Educación Física y Deportes, 142, 55-66.

7　Fitzpatrick, A., Davids, K.,and Stone, J. A. (2018). Effects of scaling task constraints on emergent behaviours in children's racquet sports performance. Human Movement Science, 58, 80–87.

8　Orangi, B. M., Yaali, R., Bahram, A., van der Kamp, J., and Aghdasi, M. T. (2021). The effects of linear, nonlinear, and differential motor learning methods on the emergence of creative action in individual soccer players. Psychology of Sport and Exercise, 56, 102009.

9　Clark, M. E., McEwan, K., and Christie, C. J. (2019). The effectiveness of constraints-led training on skill development in interceptive sports: A systematic review. International Journal of Sports Science and Coaching, 14(2), 229-240.

10　Gray, R.（2021）. How we learn to move, 117.

11　Bernstein, N. A. (1967) The coordination and regulation of movements.

12　Lee, M. C. Y., Chow, J. Y., Komar, J., Tan, C. W. K., and Button, C. (2014). Nonlinear pedagogy: an effective approach to cater for individual differences in learning a sports skill. PloS one, 9(8), e104744.

13　Schöllhorn, W. I., and Bauer, H. U. (1998). Identifying individual movement styles in high performance sports by means of self-organizing Kohonen maps. In ISBS-conference proceedings archive.

14　Gray, R. (2020). Changes in movement coordination associated with skill acquisition in baseball batting: freezing/freeing degrees of freedom and functional variability. Frontiers in Psychology, 11, 1295.

15　Pakosz, P., Domaszewski, P., Konieczny, M., and Bączkowicz, D. (2021). Muscle activation time and free-throw effectiveness in basketball. Scientific Reports, 11(1), 1-8.

16　Formenti, D., Duca, M., Trecroci, A., Ansaldi, L., Bonfanti, L., Alberti, G., and Iodice, P. (2019). Perceptual vision training in non-sport-specific context: effect on performance skills and cognition in young females. Scientific reports, 9(1), 1-13.

17　Travassos, B., Duarte, R., Vilar, L., Davids, K., and Araújo, D. (2012). Practice task design in team sports: Representativeness enhanced by increasing opportunities for action. Journal of sports sciences, 30(13), 1447-1454.

18　Orth, D., Davids, K., Araújo, D., Renshaw, I., and Passos, P. (2014). Effects of a defender on run-up velocity and ball speed when crossing a football. European Journal of Sport Science, 14(sup1), S316-S323.

19　Milner, A and Goodale, Melvyn. (1997). The Visual Brain in Action. Optometry and Vision Science - OPTOMETRY VISION SCI. 74.

20　Dicks, M., Button, C., and Davids, K. (2010). Examination of gaze behaviors under in situ and video simulation task constraints reveals differences in information pickup for perception and action. Attention, Perception, and Psychophysics, 72(3), 706-720.

21　Gibson, J. J. (1966). The senses considered as perceptual systems. Boston, MA: Houghton Mifflin.

22　佐々木正人（2008）時速250kmのシャトルが見える｜トップアスリート16人の身体論｜光文社新書.

23　Araújo, D., Davids, K., Cordovil, R., Ribeiro, J., and Fernandes, O. (2009). How does knowledge constrain sport performance? An ecological perspective. In D. Araujo, H. Ripoll, and M. Raab (Eds.), Perspectives on cognition and action in sport (pp. 119-131). Hauppauge, NY: Nova Science Publishers.

24　Silva, P., Garganta, J., Araújo, D., Davids, K., and Aguiar, P. (2013). Shared knowledge or shared affordances? Insights from an ecological dynamics approach to team coordination in sports. Sports medicine, 43(9), 765-772.

25　Davids, K., Kingsbury, D., Bennett, S., and Handford, C. (2001). Information-movement coupling: Implications for the organization of research and practice during acquisition of self-paced extrinsic timing skills. Journal of sports sciences, 19(2), 117-127.

26　Bootsma, R. J., and van Wieringen, P. C. (1990). Timing an attacking forehand drive in table tennis. Journal of experimental psychology: Human perception and performance, 16(1), 21.

27　Montagne, G. and Laurent, M. (1994) 'The effects of environmental changes on onehanded catching', Journal of Motor Behavior 26, 237–246.

28　Williams, A.M., Davids, K. and Williams, J.G. (1999).Visual Perception and Action in Sport. London: Taylor and Francis.

29　Adolph, K. E., and Hoch, J. E. (2019). Motor development: Embodied, embedded, enculturated, and enabling. Annual review of psychology, 70, 141-164.

30　Renshaw, I., & Chow, J. Y. (2019). A constraint-led approach to sport and physical education pedagogy. Physical Education and Sport Pedagogy, 24(2), 103-116.

31　Frans Bosch. (2015) Strength Training and Coordination-An Integrative Approach-.

32　村松尚登 (2009) テクニックはあるが「サッカー」が下手な日本人:日本はどうして世界で勝てないのか?ランダムハウス講談社

第2章

トレーニングアイディアを考える

実践法としての制約主導アプローチ

第1章で詳しく解説したエコロジカル・アプローチという運動学習・スキル習得理論を実践するために、日々のトレーニングをどのように変えていけばよいのでしょうか。第2章では、新たなこの運動学習・スキル習得理論の実践版である制約主導アプローチの活用法をお伝えしていきます。

制約主導アプローチが推奨しているのは、指導上の五つのプリンシプルに基づき、練習環境をデザインしていくことです。第2章で五つのプリンシプルそれぞれのポイントを詳しく解説し、最後に具体的なトレーニングアイディアを紹介していきます。まずは制約主導アプローチの「制約」という言葉が、どのようなものを指しているか、その整理から始めましょう。

1 制約主導アプローチのプリンシプル

3種類の制約

エコロジカル・アプローチの制約は、「個人制約」「タスク制約」「環境制約」の大きく3種類に分けられます(表2-1)。

個人制約は、構造的な制約と、機能的な制約に大別できます。構造的な制約とは、その人の

表2-1　**3種類の制約の一例**

個人制約	構造的	身長、体重、体脂肪率、柔軟性、ストレングス、スピード
	機能的	インテンショナリティ、認知能力、注意力、疲労、感情、モチベーション
タスク制約		器具（ボール、ラケット、バットなど）のサイズや重さ、ルール、コートサイズ、人数、得点形式、時間
環境制約	物理的	温度、明るさ、標高、重力、サーフェス
	社会文化的	社会的な期待、家族の支援、トレーニング施設へのアクセス、人種や年齢の構成、スポーツのメディアイメージ

身長や体重、身体が有しているストレングスや柔軟性などです。機能的な制約は、認知能力であり、その時の疲労状態やモチベーションなども含みます。

具体例を挙げると、手の大きさは構造的な制約です。バスケットボールでシュートを放つとき、ワンハンドで放れるか、両手を使わなければならないかなど、プレーに影響を及ぼします。水泳の泳ぎ方に影響を及ぼす体脂肪率や身体重心の場所も構造的な制約です。フレッシュな状態では可能だったプレーが、疲労が蓄積するとできなくなるのは機能的な制約です。

このようにアスリート個人が有していて、スキルや動作パターンに影響を及ぼす制約が個人制約です。

タスク制約は、ボールのサイズや重さ、ラケットの大きさ、スモールサイドゲームのコートサイズや人数など、練習環境に関わる制約です。スモールサイドゲームのルールも、タスク制約に含まれます。得点形式やボールタッチの制限、侵入可能なエリアなどです。

環境制約は、物理的な制約と社会文化的な制約に大別できます。

物理的な制約とは、練習する場所のサーフェスが芝か土か人工芝か、温度や湿度や標高などです。

社会文化的な制約とは、その国や地域で良いものとされているプレースタイルなどの社会的な期待や、家族からの支援の状態なども含みます。

指導者の皆さんが気にしているのは、自分（指導者）に操作できる制約に、どのようなものがあるか、でしょう。例えばスモールサイドゲームであれば、タッチ数の少ないプレーを意識するように、と制約を設けることができます。この制約は、3種類のいずれに分類されるのでしょうか。

単純にタッチ数の少ないプレーを意識するように制約を設けただけなら、個人のインテンショナリティに関する制約なので、個人制約です。インテンショナリティは、プレイヤーがどのようにプレーしようと意図しているか、志向しているかを意味します。分類すると、機能的なルールを定めた場合はタスク制約に含まれます。ただし、2タッチ以下でプレーしなかった場合は相手ボールになるなど、明確なルールを定めた場合はタスク制約に含まれます。

このように分類することはできますが、実践の場では分類にはさほど意味はありません。はるかに重要なのは、自己組織化につながる制約をしっかり設けることができているかどうかです。例えば練習環境のサーフェスを選択できる場合は、コーチが操作できるタスク制約に含まれます。一方、土のグラウンドで練習するしかなく、選択の余地がない場合は環境制約に含まれます。しかし、重要なのはタスク制約なのか、環境制約なのかという分類ではなく、サーフェスを選択できる場合に、練習内容に適したサーフェスをしっかり選択できているかどうかです。

エコロジカル・アプローチの考え方では、スキルは、こうした3種類の制約の影響を受けながら、「知覚–運動カップリング」という運動制御モデルを通じて出現します。川の流れに当てはめると、川上の制約を操作して、川下にいる学習者のスキルに影響を及ぼし、スキル習得を達成しようとするのが、制約主導アプローチの基本的な考え方です。

制約主導アプローチに基づく指導においてコーチが意識すべきプリンシプルは、以下の五つです。

⑴代表性
⑵タスク単純化
⑶機能的バリアビリティ
⑷制約操作

(5) 注意のフォーカス

指導者が制約を設けていく上での大切なポイント(Chowら、2022:a)[1]を、ここから詳しく解説していきます。

制約主導アプローチの五つのプリンシプル (1) 代表性

代表性とは、練習環境がどれだけ試合環境に類似しているか、で評価されるある種の指標です。類似度が高ければ「代表性が高い」、類似度が低ければ「代表性が低い」と表現されます。練習環境で知覚する情報が、試合環境で知覚する情報に類似している。練習環境で行う判断が、試合環境で行う判断に類似している。練習環境で現れる運動が、試合環境で現れる運動に類似している。いずれも類似していれば、「代表性は高い」と評価できます。

制約主導アプローチが代表性を重視している理由は、転移が良いからです。転移とは、練習環境で獲得したスキルを試合で効果的に発揮できているか、で評価される指標です。一般的に、代表性が高い練習環境で習得したスキルは、試合への転移が良いという研究結果が、代表性を重視する根拠となっています。

クリケットの熟練者を対象とするバッティングの研究がその一つです(Pinderら、2011)[2]。それによると投球マシン（機械）を使った練習では、人が投げたボールを打つときよりも、バッティング動作の始動が早まり、バットスイングのピーク速度が低下し、バットとボールの接触の質が悪くなるという顕著な差異が生じたそうです。

なぜ、なのでしょうか。投球マシンを使うと、ボウラー（野球のピッチャーに相当）の投球動作という重要な情報が抜け落ちます。そのせいで人の投球を打つときとは別の動作で自己組織化が生じてしまいます（自己組織化についての詳細は36頁以降の記述を参照）。知覚する情報が変わったせいで、現れる動作も変わってしまった顕著な例です。

別の研究では、オリンピックレベルのスプリングボード・ダイビング（飛び板飛び込み）の選手の動作を対象としています（Barrisら、2014）[3]。スプリングボード・ダイビングとは、飛び板の弾力を活かして跳ね上がり、空中での回転やひねりなどの演技を行った後、頭から入水する競技です。この研究によると、跳ね上がる前の助走やハードルステップの動作が、練習で頻繁に用いられるフォームピット（クッション）に足から飛び込む場合と、実際に手や頭からプールに飛び込む場合とで、異なっていたことが明らかになっています。

第1章で紹介したフットサルのパス課題を対象とした研究は、どこにパスすべきかの判断が不要な場合、ボールのスピードは規則的となり、実際の試合で観察される強弱が消えてしまうと報告しています（Travassosら、2012）[4]。つまり代表性が低いので、試合への転移も限られるという話です。

このように、知覚するものが変わると、学習する動作も変化します（クリケットの研究）。動作の一部が変化すると、その前後の動作が変化します（飛び板飛び込みの研究）。判断が変化すると、動作も変化します（フットサルの研究）。代表性の低い練習環境で習得したスキルは、試合への転移が限定的だと考えられます。制約主導アプローチの五つのプリンシプルの一つが代表性なのは、練習環境で知覚し、判断し、動作して習得したスキルを実際の試合環境で発揮する、再現性を高めるためなのです。

制約主導アプローチの五つのプリンシプル（2）タスク単純化

代表性を高く保つためのコツは、スキル習得のためのタスクを単純化することです。タスク単純化とタスク分解は大きく異なりますのでご注意ください。

タスクを分解しているのがスキルドリルです。野球であればピッチングマシンを使ったバッティング練習がスキルドリルです。ボクシングであればサンドバッグを使ったパンチの打ち込みです。サッカーであればカラーコーンだけを使ったドリブルの練習や、ディフェンダーをつけないシュート練習です。テニスであれば、バックハンドのストロークのみを反復するような練習です。いずれも試合で使う動作を分解して、その一部だけを練習しています。試合環境には存在している重要な情報が抜け落ちた練習課題も、タスク分解に相当します。

カラーコーンを使ったドリブルの練習で、右にターンする理由は、一つ前のカラーコーンを左にターンしたからです。実際の試合で対峙するディフェンダーの身体の向きや重心などを知覚し、逆方向にボールを運ぶドリブルとは大きく異なります。

タスク単純化とは、人の投球を実際に打ち返すバッティング練習、生身のボクサーと拳を合わせるスパーリング、相手ディフェンダーとの駆け引きを含めたシュート練習、試合形式を保ちながら難易度を下げたミニテニスなどを指しています。

たとえ学習者が正規の試合をプレーできるレベルに到達していなくても、タスクを分解してスキルを学習させればよいわけではありません。疲労が蓄積していて練習の強度を落とす必要がある場合も同様です。

重要なのは、制約を操作して、タスクの難易度や強度を下げつつ、試合環境では密接に絡み合う情報と動作の結合を弱めないようにすることです。テニスであれば、コーチが手で放ったボールを打つスイング（タスク分解のスキルドリル）と、実際の試合で相手がラケットで打ったボールを打ち返すスイングは、かなり異なるタスクです。スキルドリルには、相手選手の動きから得られる情報や、ボールの飛翔から得られる情報が抜け落ちています。しかも、試合では前後左右に走りながらスイングしています。静的なスキルドリルでは下肢と上肢のコーディネーションをしっかり学べない可能性が高いです。

タスクを分解するのではなく、タスクを単純化していけば、試合の全体性を保ったまま試合で使える運動やスキルを学習できます。テニスであれば、ボールのサイズや硬さ、コートのサイズやネットの高さ、ラケットのサイズや重さ、ルールなどの制約を単純化していきます。試合を単純化した独自のゲームを作り出してもいいでしょう。

制約主導アプローチのコーチが学習者に望むのは、実際の試合で得られる情報に基づき動きを調整し、判断できるようになることです。タスクを分解して学び、後で結合して、試合で再現することではありません。

タスク単純化とは、代表性の高い環境で学習するために、時間的な困難や空間的な困難が軽減されるように、タスク制約を操作することです。時間的な困難を軽減するとは、子供や初心者がバスケットボールを初めてプレーするような場合に、飛翔速度が遅く、緩やかにバウンドするボールを使用して、パスレシーブのための時間を増やすようなイメージです。空間的な困難を軽減するとは、コートサイズを狭くする、ゴールのリングを低くする、軽いボールを使用するなどの操作によって、パスやシュートを無理なく実行できるように仕向けるイメージです。このような制約操作でプレーの難易度を下げ、タスクは分解せず、代表性の高さを保てるようにするのが、タスク単純化の目的です。

ここからは、エコロジカル・アプローチが推奨しているタスク単純化のための制約操作の仕方と、その有効性を紹介していきましょう。サッカーで推奨されているのはスモールサイドゲームです。

スモールサイドゲームこそタスク単純化の代表例

サッカーのスモールサイドゲームとは、ロンド、ポゼッション、ミニゲームなど試合形式のトレーニング全般を指しています。ピッチサイズ、ピッチの形状、参加人数、特別ルールなどの制約を操作し、正規の試合環境を修正・単純化したトレーニングです。

◇スキルドリル（タスク分解）vs. スモールサイドゲーム（タスク単純化）

まずはスモールサイドゲームの有効性を示している実験を紹介します（D'isantoら、2021）[5]。被験者となったのは、いずれも12歳前後のサッカー経験者で、学習したのはドリブルのスキルです。主にタスク分解のスキルドリルで学ぶA群と、タスク単純化のスモールサイドゲーム（2対2や3対3など）を中心に学ぶB群に分けました。

2ヶ月に渡ったトレーニングの前後で、ドリブルテストを実施し、スピードと正確性がどれくらい改善されているかを評価します。テストスコアを比べると、改善が見られなかったA群に対し、B群は顕著な改善を示しました。

スキルドリルとスモールサイドゲームを比較するこのような研究は他にも多く、まとめ研究のシステマティックレビューも発表されています（Clementeら、2021）[6]。それによれば、サッカーを含めたあらゆるボールゲームでスキルを上達させるには、スキルドリルではなく、スモールサイドゲームのほうがより効果的だと結論づけています。トレーニング期間が長いと、効果の差がより顕著になるそうです。

◇初心者に対してはどうか？

スモールサイドゲームへの懐疑的な意見に、次のようなものがあります。基礎的なスキルを持たない初心者が、試合形式を単純化したスモールサイドゲームでいきなり学習して効率的なのかと。

あるシステマティックレビューは、基礎が覚束ない初心者（被験者は9〜24歳）でも、スモールサイドゲームを通して基礎的なサッカーのスキルを習得できる。少なくともスキルドリルと同等か、一部の研究はそれ以上の学習効果を示していると報告しています（Bergmannら、2021）[7]。そのなかでも判断が伴うスキルの実行では、スキルドリルよりもスモールサイドゲームでより学習が進むと、その研究は結論づけているのです。

学習者のレベルに合わせた制約でタスクのレベルを調整すれば、初心者がいきなりスモールサイドゲームから取り組んでも、基礎的なスキルを習得していけると考えられます。スキルドリルで基礎を身につけてから、実戦形式の練習に進むというようなステップを踏む必要はありません。

◇規定的なスモールサイドゲーム vs. 自己組織化を促すスモールサイドゲーム

エコロジカル・アプローチや制約主導アプローチには、次のような批判も寄せられます。スモールサイドゲームは昔からある練習であって、その推奨に目新しさはない。「自己組織化」「アフォーダンス」「知覚－運動カップリング」といった難解な言葉で、すでに存在していたコーチングに関する概念を言い直しているだけではないのかと（アフォーダンスの詳細は81頁以降の記述を、知覚－運動カップリングの詳細は74頁以降の記述を参照）。

エコロジカル・アプローチは次のように反論します。同じスモールサイドゲームでトレーニングしていても、プリンシプルが違えば学習効果は大きく異なると。プリンシプルの違いとは、提示するのが「答え」か「課題」かの違いです。伝統的アプローチはソリューション（答え）を提示します。エコロジカル・アプローチはタスク（運動課題）を提示します。同じスモールサイドゲームでも、スキル習得の効果は大きく違います。

スモールサイドゲームを対象として、伝統的アプローチ（A群）とエコロジカル・アプローチ（B群）を比較した研究を紹介しましょう（Santosら、2018）[8]。

A群のトレーニングでは、コーチが頻繁にフリーズをかけ、「今のプレーはこうすべきだった」「この選手にパスを出すべきだった」「サポートの位置はここだった」など規定的な言葉を使って修正していきます。B群ではそうした言語規定的な指導や修正はなく、制約をかなり激しく操作して、自己組織化を促します（表2－2）。

13～15歳の被験者が5ヶ月のトレーニングを行い、学習効果を検証するテストマッチを実施します。その結果、自己組織化グループのB群がパス、ドリブル、シュートなどのスキルを、規定的組織化グループのA群よりも上達させていたそうです。特にクリエイティブな、珍しい、他のプレイヤーが行わないスキルでの改善が大きいことが分かりました。

さらには個人のスキルだけでなく、組織的なコンパクトとワイドの連動性や、チーム全体の押し上げやリトリートなどでの上下の連動性の良し悪しを示す指標でも、B群がより優れた結果を示したということです。

コーチは制約を設定し、操作するだけ。具体的なスキルはプレイヤー本人が探索し、発見する。自己組織化を目的とする、そのようなスモールサイドゲームのほうが学習効果は高いとい

表2-2　**スモールサイドゲームの制約を対象とする、規定的組織化グループ**（伝統的アプローチ）**と自己組織化グループ**（エコロジカル・アプローチ）**の比較**

項目	規定的組織化グループ	自己組織化グループ
選手数	**数的同位のみ**	**数的劣位、同位、優位（4 v 3, 2 v 1, 3 v 3, 4 v 5, 5 v 5など）**
選手数の進行	**少ないから多い**	**ランダム**
フィールド	**正方形と長方形**	**正方形、長方形、三角形、円、ダイヤモンドなどを様々なサイズで**
ボール	**大中小のサッカーボール**	**大中小のサッカーボール、テニスボール、フットサルボール、ラグビーボール、リフレックスボールなど**
ゴールサイズ	**7人制、ポップアップ**	**11人制、7人制、ポップアップ、ライン上で止める**
ゴールの位置	**通常**	**通常、フィード内、フィールド外**
その他ルール	**タッチ数制限、フリーマン**	**セパレート、プレーできるエリアの限定、異なるスキル発揮でボーナスポイント、フィールドに障害物**

出典：Santos, S., Coutinho, D., Gonçalves, B., Schöllhorn, W., Sampaio, J., and Leite, N. (2018). Differential learning as a key training approach to improve creative and tactical behavior in soccer. Research quarterly for exercise and sport, 89(1), 11-24.

う実験結果が出た理由を、著者なりに要約するとこうなります。

・各学習者が独自の自己組織化を進めたから。個人制約は人それぞれ異なっているので、質と量の両面でより優れたスキルを習得できた。

・環境の中であれこれ試して学ぶほうが、コーチによる言語的な指導よりも、知覚とスキルの関連性を強化できるから。

・激しい制約操作により、不慣れな運動課題に臨みつづけていたので、スキルを問題解決のために適応させる能力が養われたから。

興味深いのは、組織的なポジショニングの連動性も、自己組織化グループの学習効果がより高かったということです。コーチが「この状況ではワイド」「この状況ではコンパクト」と言葉で教えるよりも、プレイヤーが様々な状況を実際に経験したほうが高い学習効果を示しているわけです。

エコロジカル・アプローチにとっての個人のスキル学習とは、特定の動作を学ぶことではなく、身体各部の共変動を学習することです。同じ理屈が、チームコーディネーションにも当てはまることを、この実験は示しています（共変動・共適応の詳細は60頁以降の記述を参照）。

同じスモールサイドゲームでも、伝統的アプローチの指導では、言語的に規定された特定の共同配置（ポジショニング）を学習することになります。これに対して、制約主導アプローチの指導では、状況を問わず周囲の選手と共適応（サポート、カバーリング）して目的を果たせるように学習するので、より高い学習効果が得られたと言えます。

第1章で紹介したお盆を運ぶタスク（61頁）では、肩、肘、手首の関節角度の組み合わせは無限にありました。スモールサイドゲームで特定のポジショニングだけを学習するのは、特定の関節角度だけを学ぶようなものです。周囲の選手との共適応を学んでおけば、各関節の角度を無限に組み合わせて、より柔軟にお盆を運べるのと同じように、よりバリエーション豊かに周囲の選手と連動できるようになっているので、より多くの状況に対応できるようになっているわけです。

タスクを単純化するとは、練習のスペースをより広げる、よりフリーになれるポジションからスタートする、より静的な環境に変える、より不確実性の低い環境に変える、より操作の簡単なボールを使う、などが該当します。タスクを単純化するのは、練習環境の代表性を高めて、習得するスキルの試合への転移を良くするためです。たとえ学習者のレベルが正規の試合に挑戦できないレベルでも、タスクを単純化したスモールサイドゲームを検討する価値があります。

ポイント

・試合への転移を高めるためには代表性の高い練習環境が望ましく、そのためにはタスクを分解せずに単純化するべきである。
・どのようなレベルの学習者であっても、制約を適切に設定したタスク単純化によってタスク分解以上の学習効果が得られる。
・タスク単純化の代表例にスモールサイドゲームがある。
・スモールサイドゲーム内で規定的にソリューションを指導するよりも、学習者自らが解くべき運動課題としてスモールサイドゲームに取り組むことで、スキル学習だけでなく、周囲の選手との協調でもより高い学習効果が望める。

制約主導アプローチの五つのプリンシプル（3）機能的バリアビリティ

まずは第1章のおさらいから始めましょう。バリアビリティとは「バラツキ」や「変動性」を意味する言葉です。制約主導アプローチが三つ目のプリンシプルとしているのは「機能的バリアビリティ」ですから、その理論的枠組みであるエコロジカル・アプローチは機能的なバラツキや変動性を重視しているということです。

比較対象となる伝統的アプローチは、運動動作のあらゆるバラツキを「ノイズ」や「エラー」と見なします。トレーニング中のバラツキは抑制すべきものでしかなく、理想的な動作パターンをあらかじめ規定しておき、その動作パターンを確立し、維持していく反復トレーニングが主流です。

図2-1は、伝統的アプローチのバリアビリティ観をまとめたものです。「安定したパフォーマンス結果」は「安定した動作」から得られ、「安定した動作」は「安定性を目的とした繰り返しトレーニング」から生まれると考えます。「バリアビリティの低い反復トレーニング」→「動作のバリアビリティの抑制」→「成功率100％のフリースロー」というロジックです。

図2-1　**伝統的アプローチのバリアビリティ観**

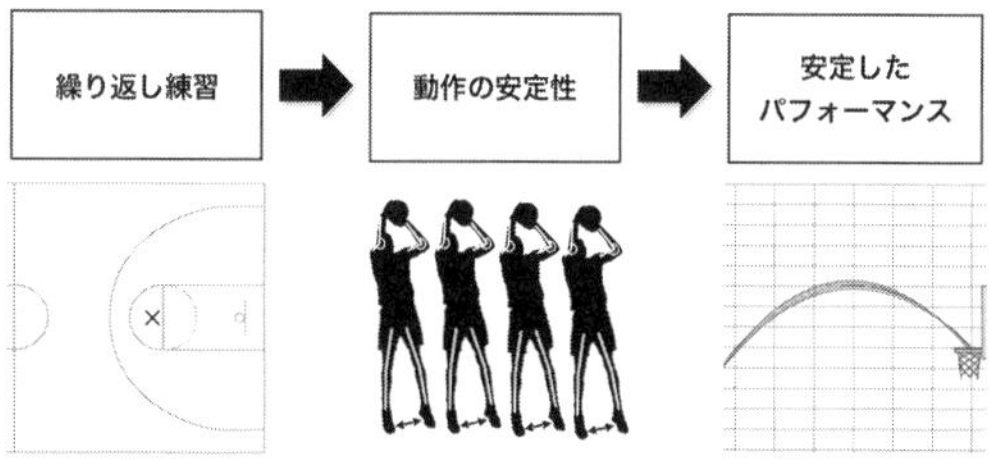

エコロジカル・アプローチのバリアビリティ観は、それこそ真逆です。人の運動システムは膨大な数の要素（神経、筋、関節）で構成されているので、そもそも安定性の獲得には限界があると考えます。ある程度の安定性は学習できますが、ノイズを完全に抑制することはできません。たとえエキスパートでも、厳密な動作の繰り返しはできないと考えます。

むしろ、構成要素が膨大な数に上っているからこそ「異なるソリューションで同じパフォーマンス結果を出せる」と捉えます。人体は複雑だから、ある程度の安定性と変動性（バラツキ）を両立でき、環境変化に柔軟に適応して、運動目的を果たせるという考え方です。こうなってくると変動性は悪しきノイズなどではなく、その一部は安定したパフォーマンス結果に貢献する「恵み」なので、機能的バリアビリティと表現しているわけです。

第1章で紹介したバスケットボールのフリースローの実験（Pakoszら、2021）[9]では、熟練者になるほど筋肉の活動時間にバラツキが観察されました。それが何を意味しているかというと、こういうことです。熟練者は動作の実行中に自身の運動をオンラインで感じ、ある筋肉のパワー発揮が思っていたよりも弱ければ、別の筋肉で代償（共変動、共適応）して、正確な投球を実行していたのです。丸暗記した一つの動作を、繰り返し実行しているわけではありません。成立するのは、パフォーマンス結果の安定性＝動作のある程度の安定性＋動作の変動性（機能的バリアビリティ）という関係です。

この関係性を踏まえると、学習内容が動作の安定性に偏った繰り返しトレーニングにはさほど意味がないということになります（ただし、初心者にとっては比較的有意義でしょうが）。なぜならば、パフォーマンス結果を安定させるために必要な動作の変動性を学習できないからです。

反復練習が進展すればするほど、動作は過度に安定したものとなり、自身の筋活動や関節運動のズレといった内的変化を代償しようとする働きがなくなります。動作の変動性を学習するためのインセンティブをなくさないためにも、フリースローの練習であれば、毎回同じ場所から試投するのではなく、フリースローライン近辺のあらゆる位置からシュートするトレーニングが望ましいという結論になります。事実、NBA史上最高のシューターとも評されるステフィン・カリーは、シュートポジションをかなり頻繁に変えながらウォームアップしています。

機能的バリアビリティの獲得を重視するトレーニングは、あらゆる競技のスキル習得に有効です。サッカーですと、シュートトレーニング、パス&コントロール、ドリブル、ゴールキーパーのトレーニングなどで、距離、角度、ルールなどの制約を適宜操作していくイメージです。

機能的バリアビリティを引き出すためのトレーニングの代名詞が、第1章で紹介した「繰り返しのない繰り返し」という表現です。カリーのウォームアップのように、「ちょっと違うことを繰り返す」ことや、「ちょっとバリアビリティを加えて繰り返す」ことが「繰り返しのない繰り返し」の正体です。

図2–2　制約主導アプローチのバリアビリティ観

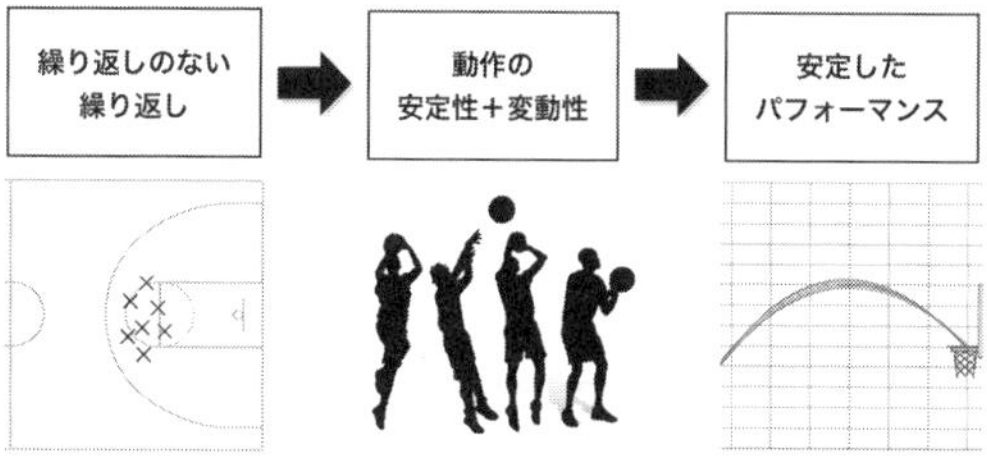

図2–2は、制約主導アプローチのバリアビリティ観をまとめたものです。「安定したパフォーマンス結果」を出すためには、「動作の安定性と変動性」がどちらも重要で、それは「繰り返しのない繰り返しトレーニング（制約操作）」から生まれます。

フリースローのような内的な変化のみが存在するクローズドスキルにもバリアビリティは肯定的に働いているのですから、外的環境が目まぐるしく変化するサッカーの試合中のスキルにはさらに高いバリアビリティが求められます。サッカーは周囲の選手と対人的に協調できるかどうかの組織的なコーディネーションが物を言う集団競技でもありますから、求められるバリアビリティは最も高い部類に入るでしょう（図2－3）。

求められるバリアビリティが高い競技では、なおさら単純な反復練習は意味をなさず、テクニックはあっても試合では活躍できないという現象も起きやすいわけです。望ましいのは、タスク分解のトレーニングではなく、タスク単純化のトレーニングです。

図2-3　求められるバリアビリティのレベル

Photos: Getty Images

タスクを単純化したスモールサイドゲームでは、ボールコントロール、パス、ドリブルといった多様なスキルの実行が求められますし、そもそも求められるバリアビリティのレベルが高いトレーニング形式です。

タスクを分解するトレーニングでも、小まめに制約を操作して、「繰り返しのない繰り返し」状態を学習者に提供しつづけ、適度なバリアビリティを引き出したいものです。

バリアビリティとスキル習得

スキルの習得に、バリアビリティがいかに重要か、示唆している研究を紹介しましょう。サッカーの初心者がどのようにキック動作のパターンを学習していくか、についての調査です（Chowら、2008）[10]。被験者は障害物に当たらないようにボールを蹴って、いくつかのターゲットに命中させなければなりません。指導は特に行わず、制約を設け、キック動作を自己組織化していく実験です。

注目するのは、股関節、膝、足首などの関節角度のデータで、そのデータからキックの動作パターンをグループ化していきます。調査期間は4週間で、その間に12回のセッションを実施します。学習が進むにつれて、動作パターンがどのように変化するかを記録します。

図2-4は、実験の前後でキックのパフォーマンスを向上させた被験者ＹＨ（上）と、それほど

改善できなかった被験者ＡＤ（下）の動作パターンの変化を示したものです。グラフから見て取れるのは、ＹＨが多くのキック動作を試していることです。最終的にパターン２の蹴り方に落ち着くまでに、１から６のすべてを試しています。パターンのこうした行き来が、エコロジカル・アプローチが「探索」と表現しているものです。

これに対して、パフォーマンスの向上がそれほど確認できなかった被験者ＡＤは、３種類のキック動作しか試していません。しかも、12回のセッションを通して、パターン１の蹴り方に固執していたようです。

パフォーマンスを向上させた被験者ＹＨは、最終的に好みの動作パターンを発見していますが、重要なのはそのプロセスでバリアビリティ（変動性）を増加させていることです。バリアビリティが増加すると、動作パターンはいったん不安定になります。より機能的な動作パターンを獲得するためには、こうした探索が必要だということです。

この論文の著者は、次のように強調しています。探索的な行動は即座のパフォーマンス向上に必ずしもつながるわけではない。しかし、一般的により良い動作パターンを習得するためには、動作のバリアビリティをいったん高めて、既存の安定したパターンから逸脱する必要があるのだと。

新たな動作パターンやスキルを学習していくためには、バリアビリティを抑制するのではなく、むしろ増幅していくべきです。エコロジカル・アプローチはバリアビリティを増幅させるために、制約を設けます。ポイントは、学習者がある制約に慣れてしまう前に、制約を操作しつづけ、学習者がより多くの動作を学習できるようにすることです。

図2-4　パフォーマンスを改善できた被験者とできなかった被験者の違い

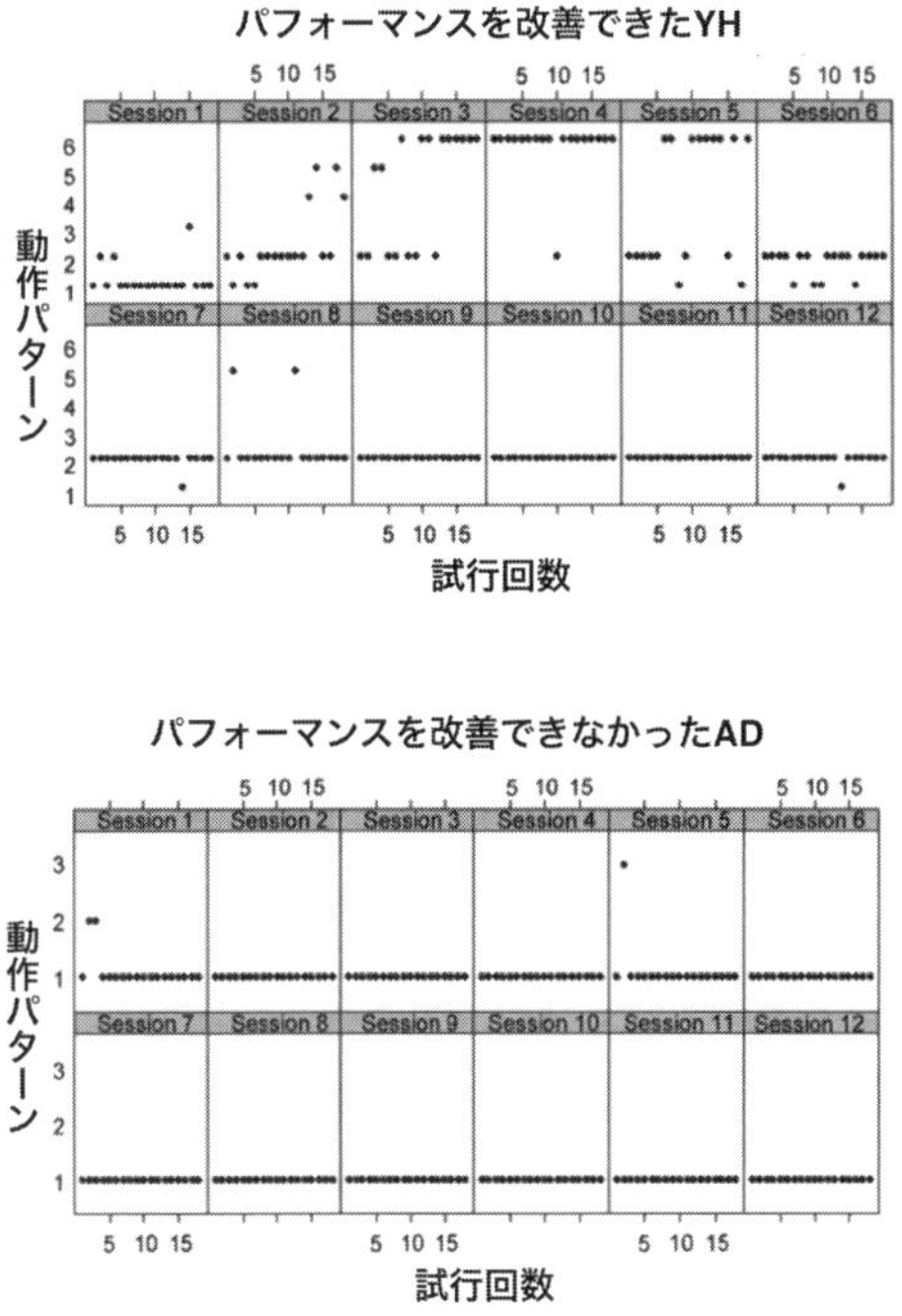

※実験は各回20回の試行からなる全12回のセッションが実施された。

出典：Chow, J. Y., Davids, K., Button, C., and Rein, R. (2008). Dynamics of movement patterning in learning a discrete multiarticular action. Motor control, 12(3), 219-240.

◉補足コラム2-1　相転移現象としての運動学習

水が固まって氷になったり、蒸発して水蒸気になったりする現象を相転移と言います。周囲の温度の変化に応じて、構成している分子同士の関わり合いが別の状態（位相）へと変化することから、相転移と呼ばれます。

人の運動でも相転移現象は確認されています。コーディネーションのパターンが別の位相へ変化しているわけです。

両手の人差し指を同時に左右に動かす、指振り運動を試してみてください。逆位相の運動はゆっくりやれば安定して動かせます。ところが指振りのテンポを速めていくと、ある速さを境として突然、同位相の運動に変化します。内-外（逆位相）というコーディネーションパターンから内-内（同位相）という別のパターンに変化したわけです。こうした人の運動システムの状態の変化は、ある瞬間を境に状態が変化する水の相転移と同様の現象です。

相転移現象の特徴は、重要な制約によって変化が生じていることです。水の相転移では周囲の温度が重要な制約です。指振り運動の相転移では運動のテンポが重要な制約です。制約に変化がなければ、システムは安定した状態を保ちつづけます。制約の変化がある閾値《いきち》を超えると、急激に状態が変化します。水と氷の中間はありません。

運動学習を相転移現象と捉えると、重要な学びが見えてきます。キック動作のパターンであれば、制約が変わらなければ、同じパターンに留まりつづけます。より良い動作のパターンを探索するには、どの制約を変化させればよいかを見抜き、操作しなければなりません。

しかも操作する制約は、水にとっての温度というように一つだけとは限りません。キック動作であれば、ターゲットまでの距離、角度、障害物の高さ、地面の状態など、多くの制約が関係してきます。相転移を起こすには、制約を巧みに組み合わせる必要があります。

制約を操作する指導者が意識するべきなのは、学習者を環境の変化に柔軟に対応できるように導くことです。より多くのキックパターンを学習できるように制約を操作して、複数の安定状態を柔軟に使い分けられるように導きます。

相転移現象は、急激な状態の変化です。運動学習でも、新たなコーディネーシヨンパターンが急に現れます。それゆえ、人の運動学習は非線形的な経過をたどります。制約を巧みに操作すれば、停滞していたパフォーマンスが急激に改善されることも起こります。

運動学習は非線形的なプロセスである

第1章でも触れていますが、運動の学習は非線形のプロセスをたどります。練習すればするほど、直線的に上達していくわけではありません。ある時期に急激に上達したり、停滞したり、劣化したり、緩やかに改善していく場合もあります。

運動学習のプロセスが非線形であることを、先の実験も示しています。被験者YHはサッカーの初心者でした。キックというスキルを習得していく途上で、新しい動作パターンを急に始めたり、元の蹴り方に戻ったり、様々な変化を見せています。動作パターンのそうした変化が、パフォーマンスの急激な向上につながることもあれば、つながらないこともありました。

人の運動学習が示す非線形の性質は、標準的なものだと理解されるべきです。特に新しい動作を学習するときは、一時的なパフォーマンスの低下やエラーの増加も起こります。すでにできていたことができなくなるわけですが、新たな動作パターンを獲得する際には珍しいことではありません。

個人差も学習に大きな影響を及ぼします。どのような制約に反応して、どのような変化を示し、どのようにパフォーマンスを向上させるか、人それぞれだということです。あらゆるスポーツの指導者は、理解するべきです。運動学習とは「個人差に満ちた非線形的なプロセス」をたどるものなのです。

ポイント

・動作のバリアビリティが増えると、新たな（より良い、より多くの）動作パターンの獲得を促進できる。
・パフォーマンスの結果が安定するのは、獲得した豊富な動作パターンを柔軟に使い分けているから。動作の安定性と変動性はどちらも重要だ。
・新たな動作パターンの探索中に、既存のスキルの一時的な劣化も生じる。学習の進展にはつきものの現象だ。
・運動学習の学習経路は人によって異なる。なおかつ非線形的なプロセスをたどる。

適切なバリアビリティのレベル

適切なバリアビリティのレベルは、学習者の競技レベルや、発育段階によっても変わります。あくまで一般論ですが、これから動作を組み立てていく学習ステージの第一段階にある初心者の場合は、必要なバリアビリティは低いです。繰り返しのトレーニングで型のような安定した動作を形成するプロセスに重きを置きます。重きを置くと言っても、上級者よりは重きを置くという話ですのでご注意ください。学習者が子供の場合も同じです。念のため付け加えておきますが、型の形成に必要以上の力を入れる必要はありません。日本では初心者に対する指導が反復に重きを置きすぎており、バリアビリティが低すぎることを再度強調しておきます。学習ステージの第二段階にある上級者や、学習者が大人の場合は、さらに高いバリアビリティが必要です。

より高いバリアビリティが必要なのは、学習ステージの第二段階にある上級者や、あくまで一般論ですが学習者が大人の場合です。トレーニングは、異なる動作を繰り返したり、環境変化にスキルを適応させたりする内容を主体とするべきです。

学習速度とバリアビリティは逆U字型のような関係を示すという研究もあります（Schöllhornら、2009）[11]。それぞれの学習者ごとに、アダプティブゾーンと呼ばれる学習速度の最も速くなる領域が存在すると主張しています（図2－5）。

スキルドリルの実行の仕方には、ブロック、シリアル、ランダムの3種類があります。例えば二人一組のボレーキックのトレーニングでしたら、「インサイドキック10回→インステップキック10回→太ものものキック10回」というようにスキルをまとめて実行するのがブロックです。「インサイド→インステップ→太もも→インサイド→インステップ→太もも」がシリアルで、ランダムには規則性がありません。

スキルドリルのバリアビリティは、一般的にブロックが最も低く、シリアルが中間で、ランダムが最も高くなります。

図2-5の左が、初心者や子供に多く見られる学習速度です。学習が最も速く進むアダプティブゾーンのトレーニングは、比較的単純なスモールサイドゲーム（SSG）です。タスクを分解するスキルドリルに取り組む場合も、ランダムで実行すれば、アダプティブゾーン内に収まります。しかし、ブロックやシリアルですと、バリアビリティが低くなりすぎます。複雑なスモールサイドゲームでは、バリアビリティが高すぎて、学習速度は下がります。

図2-5の右側、上級者や大人の学習速度を見ると、それぞれのトレーニングが全体的に左側にスライドしています。初心者や子供と比較すると、どのようなトレーニングをしていても動作の安定性が高いので、バリアビリティのレベルがより高いトレーニングが求められます。アダプティブゾーンには複雑なスモールサイドゲームだけが含まれています。単純なスモールサ

図2-5　**適切なバリアビリティのレベルの例**（左：初心者、右：上級者）

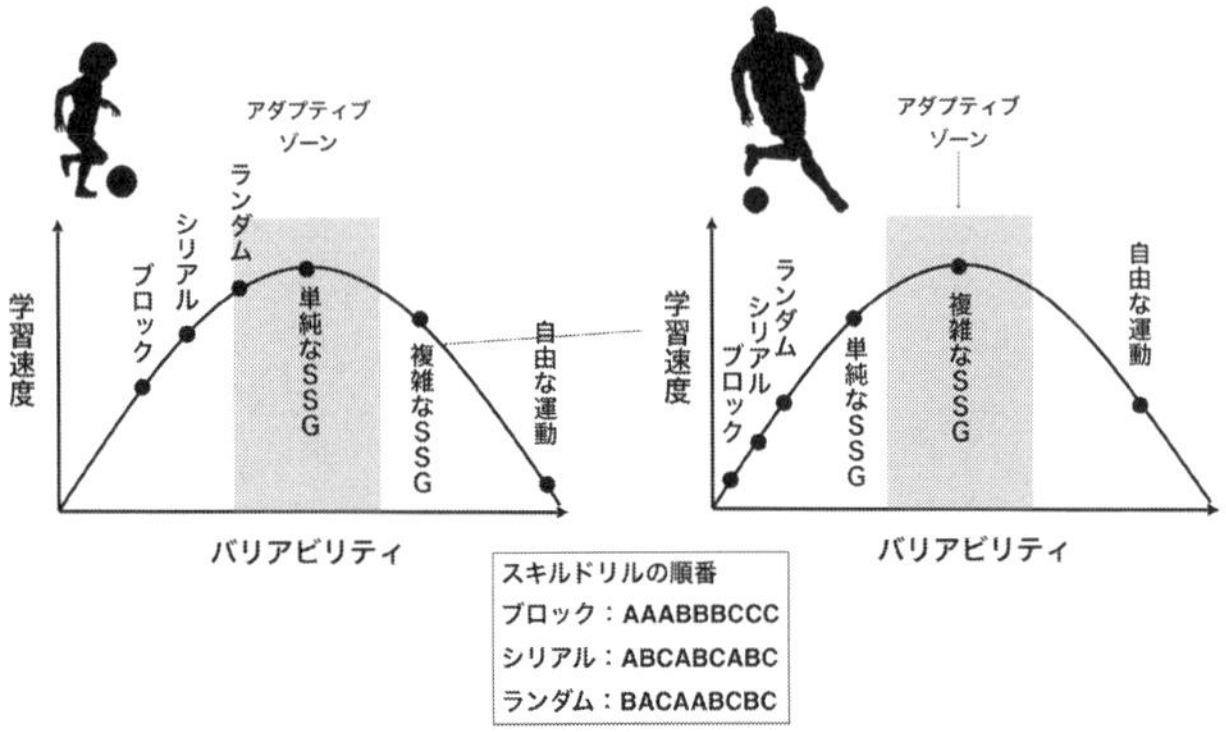

イドゲームやスキルドリル程度のバリアビリティでは学習効果が高くないということです。

ちなみに図2-5は一般的な傾向を示したものに過ぎません。ここで重要なのは、厳密には年齢や競技歴ではなく学習者の動作の安定性によって、適切なバリアビリティレベルが決まるということです。大人で競技歴が長くても子供以上に動作に安定性がない場合には、より低いバリアビリティレベルのトレーニングが望ましく、子供で競技歴が浅くても、プロ顔負けの動作の安定性がある場合には、かなり高いバリアビリティレベルのトレーニングを提供するべきです。指導者の皆さんには、学習者のレベルをしっかり把握し、適切なバリアビリティのレベルを判断していただきたいです。有効なのは観察です。

前述した研究で、パフォーマンスを伸ばした被験者YHは、より多くのキック動作のパターンを試しています。このことからバリアビリティのレベルは適切だったと評価できます。一方、パフォーマンスを改善できなかった被験者ADには、バリアビリティ不足のトレーニングだった可能性が高いでしょう。アダプティブゾーンの左側です。被験者ADの学習が進まなかったのは、制約がすでに習得していたキック動作で事足りるものだったからだと考えられます。

指導者は学習者たちをよく観察し、被験者ADのような学習者を発見した場合は、キックする位置を変える、ターゲットを増やす、より多くの障害物を使う、動いているボールをキックさせるなど、頻繁に制約を操作して、別のキック動作を試してみたいと感じられるような練習環境を提供するのが有効です。

指導者にとっての課題は、質の高い観察と制約の調整です。トレーニングのバリアビリティレベルが適切か、観察し、制約の調整を通じて、学習速度の高いバリアビリティを継続的に実現しなければなりません。

筆者の主観ですが、日本のトレーニングの多くはバリアビリティ不足です。同じ動作の反復が多く、マンネリに陥り、プラトー（停滞）が続いてしまう傾向が強いように感じています。

トレーニングの内容に迷ったときは、より代表性が高く、より難易度の高いものを、より少ない繰り返しの回数で、というイメージで良いのではないかと思います。別の言い方をすると、より多様な運動を経験させるということです。

初心者を指導している場合に意識してほしいのは、動作の型を完成させることではなく、型を様々な環境に適応させることです。型の形成が50〜60％に達したら、より動的で、より実践的な、バリアビリティのレベルが高いトレーニングに進むことをお勧めします。

制約主導アプローチの五つのプリンシプル（4）制約操作

①探索の誘導

制約を設けるとは、具体的にはどのような行為なのでしょうか。テニスのバックハンドストロークを例に取りましょう。両手でしかバックハンドストロークを打てない学習者が片手でも打てるようにするには、どのように制約を設ければよいでしょうか。

有効なのは、普通のボールよりもよく跳ねるボールを使うか、普通のボールよりもスピードの出るボールを使う制約操作です。普通よりもよく跳ねる、スピードの速いボールに対応するために、片手をラケットから離して打ち返す反応を引き出しやすくなります。

このように制約には、学習するスキルの内容を取捨選択する境界線としての効果があります。その様子を模式図にしたのが**図2-6**です。

両手でしかバックハンドストロークを打てない。これを言い換えると、両手バックハンドであれば、コートの広さ、ボールの反発レベルや飛翔速度、ラケットのサイズや重さ、ルールな

図2-6　テニスのスキルスペースの例

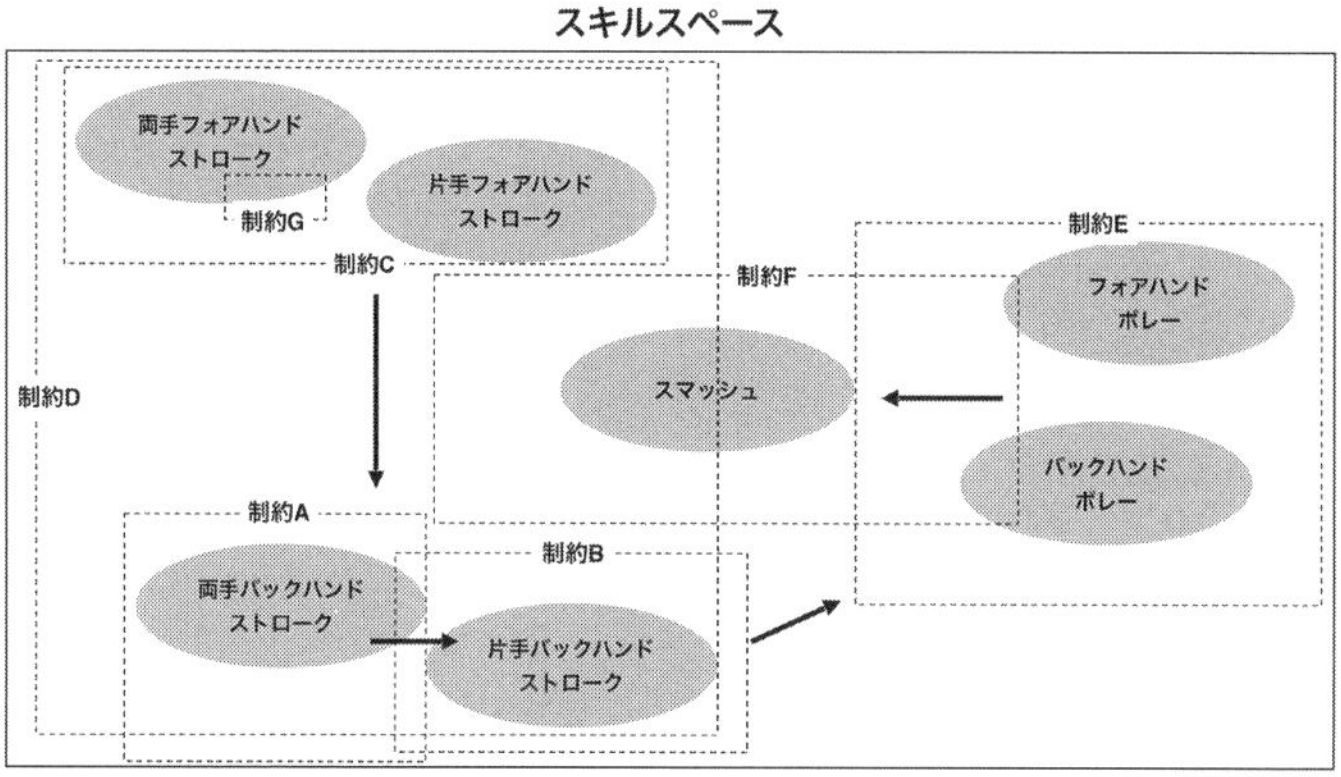

どの制約を満たせているということです。さらに言い換えると、他のスキルを選択する必要がない状態だということです。図2-6では制約Aを満たしています。よく跳ねる・飛翔速度の速いボールの使用は、制約Aから制約Bへの移行という制約操作です。

制約による境界線を設け、「現在のソリューションは好ましくない」「より機能的なソリューションがあるはずだ」と情報を増幅させます。先の例では、制約操作によって好ましくなくったソリューションが両手打ちで、より機能的なソリューションは片手打ちです。制約をAからBに移行したことにより、それまでの安定した動作パターンを不安定化させて、より機能的な別のスキルを探索するように誘導できます。

第1章で取り上げたフォアハンドへの偏り

（27頁以降の記述を参照）は、図2-6の制約Cを満たした状態です。制約によってバックハンドを選びにくい境界線ができていたということです。コートのセンターラインをずらすのは制約CからDへの移行という制約操作です。この制約操作によって、フォアハンドとバックハンドが均等に現れやすくなります。

こうした制約操作を通じて使えるスキルを増やし、図2-6のスキルスペースを埋めていくことが制約主導アプローチの目的です。気をつけなければいけないのは、初心者や学習途上のプレイヤーです。スキルスペース全体を一気に埋めようとすると、圧倒されてしまい、何も学習できない事態に陥りかねません。

正規のルールのテニスやサッカーの試合に、幼少期の学習者を入れても、求められるプレーの幅が広すぎて、学習がうまく進まないケースがあります。学習者にとって制約が広すぎるこのような状態を制約不足と呼びます。制約が少なすぎて、どのスキルを学習すればよいか分かりにくい状態です。

これとは逆に、図2-6の制約Gのように過度に狭い領域内で探索させることを過剰制約と呼びます。第1章で詳しく解説した伝統的アプローチの過度に規定的な指導が、まさしくこの過剰制約に相当します。

両手のフォアハンドにも様々な動作パターンがあって、どのパターンがその学習者に適合するか分かりません。サッカーのキック動作も同じです。それにも関わらず、特定の動作パターンを強いる規定的な指導をしていては、学習がうまく進む可能性は低いです。

制約不足や過剰制約を避け、効率的に学習し、スキルスペース全体を埋めていくには、指導者が適切な広さの探索スペースを提供し、学習が進めば制約を操作して別のスペースを探索させる。その繰り返しが必要です。

必要なのは、学習するスキルの選択と集中と移行です。テニスであれば制約Cでフォアハンドを学習→制約Aで両手バックハンドを学習→制約Bで片手バックハンドを学習→制約Dでフォアとバックの使い分けを学習→制約Eでボレーを学習→制約Fでスマッシュを学習（→再び制約Aに戻ってもいいです）というように、できるだけ早くすべてのスキルが現れるように制約を移行して、学習を進めていくイメージです。

制約を移行すると、すでにできていたスキルの安定性が下がるケースも多いです。片手バックハンドの習得中に両手バックハンドの動作が不安定になり、一時的にパフォーマンスが劣化するなどです。これは動作のバリアビリティが増えたことによるものなので、コーチも学習者も否定的に受け止める必要はありません。

制約を設け、移行し、スキルスペースを埋めていく。制約のこうした操作は、すべての競技で有効です。サッカーのファーストタッチであれば、インサイド、アウトサイド、足裏を使っ

図2-7　サッカーのファーストタッチのスキルスペースの例

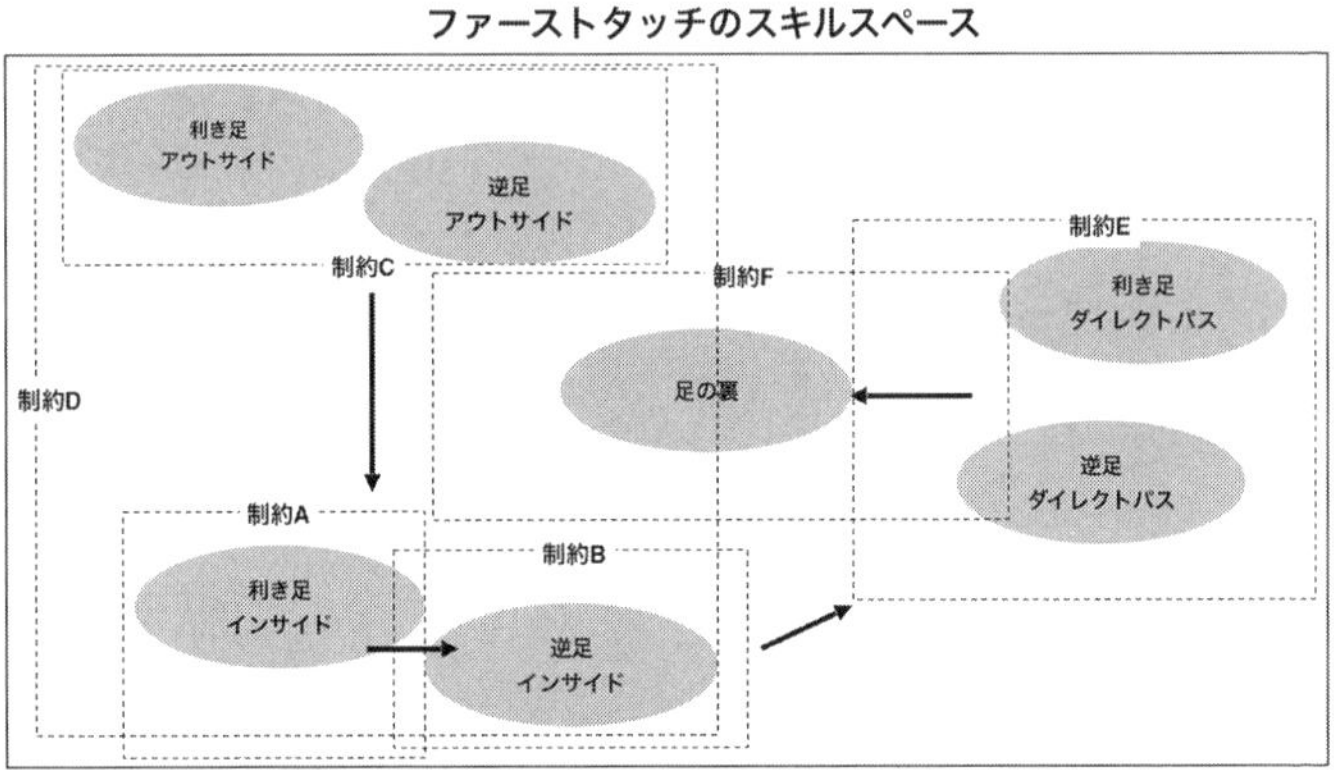

たコントロールやダイレクトパスなど様々なスキルを習得し、スキルスペースを埋めていきます（図2-7）。

コーチは制約を操作します。スモールサイドゲームで、同じスキルばかりを実行している選手がいるとして、その偏りのせいでパフォーマンスが頭打ちになっていると感じられたら、ボールのサイズや重さ、フィールドの広さや形状、人数やポジション、その他ルールなどの制約を操作することで、別のスキルへの探索へと導くことができるのです。

②バリアビリティとトレーニング効果の維持

伝統的アプローチで多用される反復トレーニングは、動作の安定性に重きを置きすぎた学習方法で、動作は一定の型にはまってしまいます。

スキルスペースの図を使って表現すると、図2-8の上のようなイメージです。バリアビリティの低い、単純な反復トレーニングを続けているうちに、各スキルの動作パターンが減って、スキルの楕円が小さくなってしまいます。スキルの楕円が小さいので、試合中に求められる様々な状況にスキルを適応させることが難しくなります。第1章で紹介した「テクニックはあってもサッカーは下手」という現象が起こります。

目指すべきなのは、スキルスペースのどのエリアのスキルを求められても対応できる図2-8の下のような状態です。サッカーのファーストタッチであれば、例えばインサイドのコントロールを様々な動作パターンで実行できるようになるのが望ましいわけです。動作パターンが多ければ、ボールが思っていたより足元に飛んできても、身体から離れた場所に飛んできても、適応してコントロールできます。足元に入れるようなコントロールも、方向づけて運ぶコントロールもできます。利き足インサイドの楕円を広げ、逆足インサイドの楕円を広げ、というようにあらゆるスキルの動作パターンを増やして、対応できない状態を作らないような学習を目指すべきです。そのためにバリアビリティが適度に高い制約を、コーチが設定できるかどうかが重要になります。

人の動作は、学習の進展に伴い、安定性が増す傾向にあります。最初はあれこれ様々な動作パターンを模索しますが、安定した動作を発見すると、そこに収束していくのです。ファース

図2-8　スキルスペースとバリアビリティ

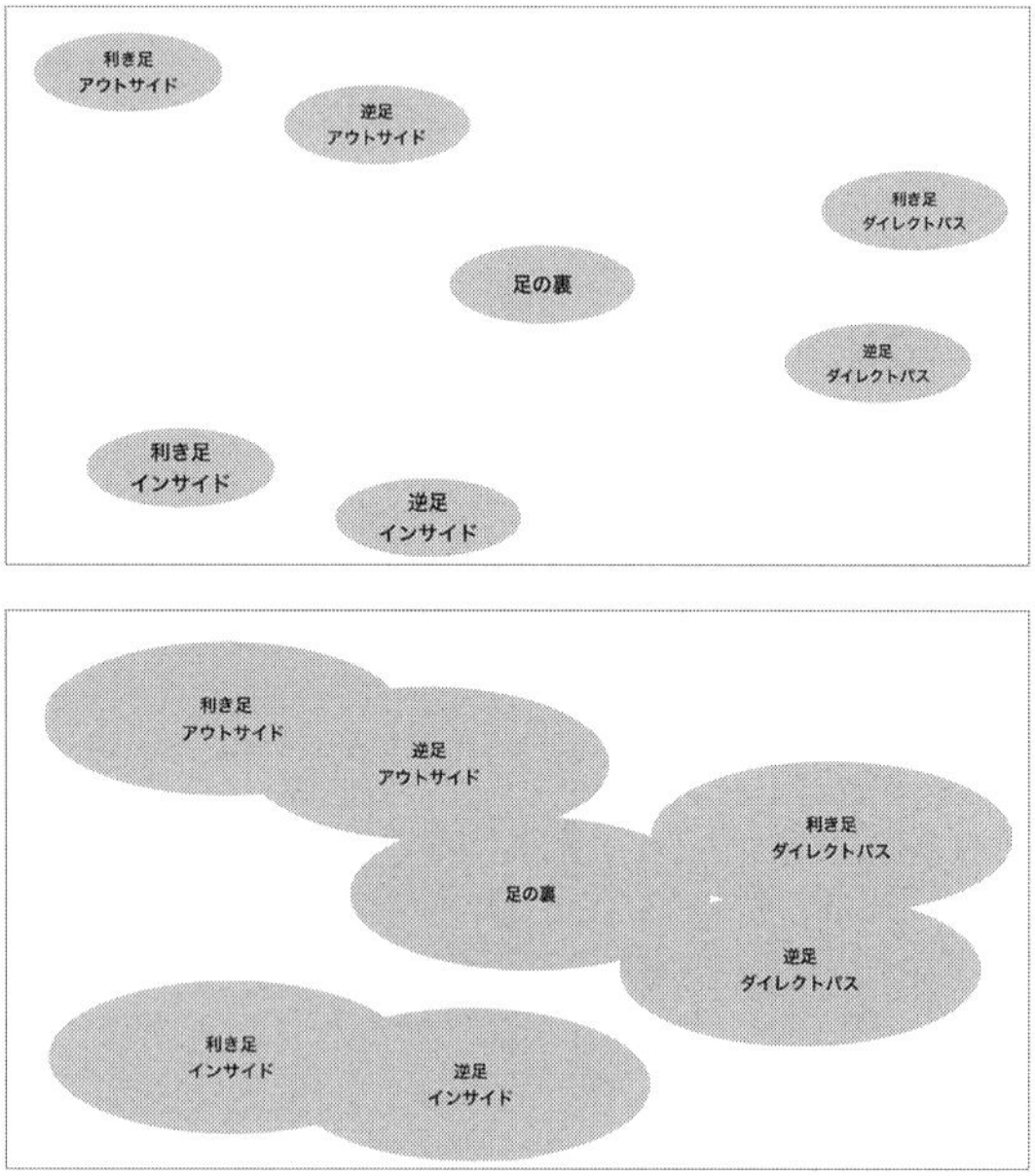

トタッチの学習であれば、例えば利き足のインサイドを使ったある動作パターンのみを使うようになり、それまでは「繰り返しのない繰り返し」ができていたのに、単なる繰り返しに落ち着いてしまいます。バリアビリティが低下した状態です。

　スキルの安定性が向上していくこと自体は、望ましい学習の進展です。ただ、そのままの制約でトレーニングを続けても、トレーニングの効果は減少していきます。だからこそ重要なのが、制約の継続的な操作です。コーチが制約を変えて、適応していないタスクを提供し、バリアビリティのレベルをアダプティブゾーンの中に収めます。

　アダプティブゾーンとは、すでに身につけたスキルで解決できる課題と、新しいスキルにチャンジしないと解決できない課題が、適度に混じった状態を指しています。アダプティブゾーンに入ってくるように制約を操作しなければ、新たなスキルや動作パターンを試そうというインセンティブが働かず、学習済みの同じスキルを反復するだけのトレーニングに陥ります。キック動作の学習でパフォーマンスが改善しなかった被験者ＡＤがおそらくそうでした。学習の停滞を招かず、新たなスキルを継続して習得していくには、学習者が制約に慣れ切る前に、制約を操作し、継続的にバリアビリティを維持していかなければなりません（図2−9）。

ポイント

・制約を操作することで、学習できるスキルを取捨選択できる。
・制約を操作することで、高い学習速度（＝バリアビリティのレベル）を維持できる。

図2-9　制作操作によるバリアビリティの維持

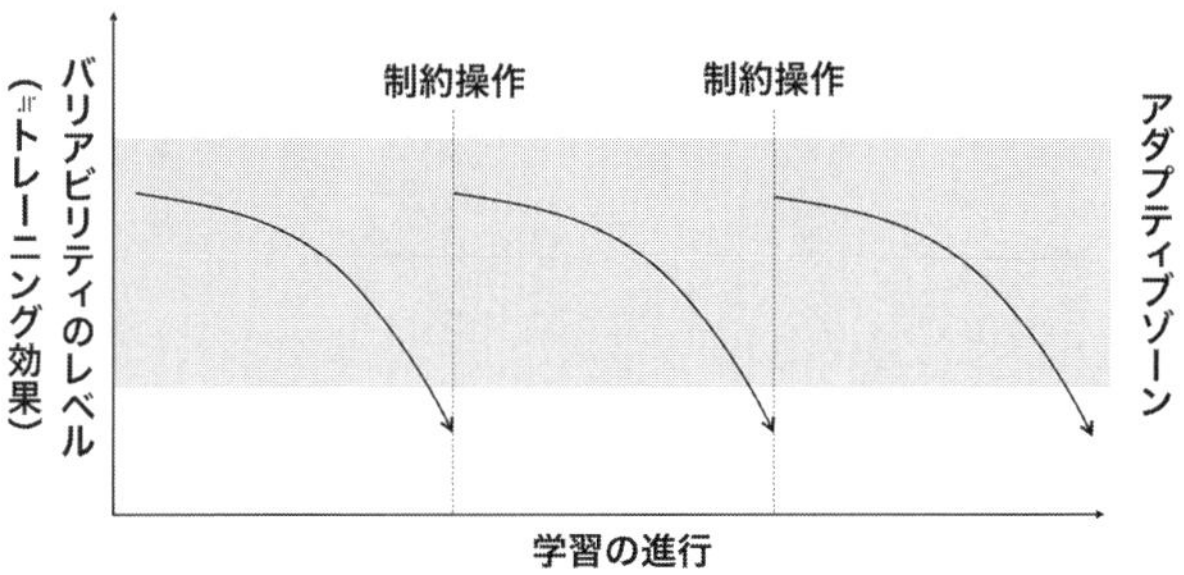

・制約操作を通じて、変化するあらゆる状況に適応できるスキルを増やすところに制約操作の目標がある（スキルスペースの広い空間を学習する）。

◉補足コラム2－2　制約操作とだまされない知覚

野球でバッターボックスに立っている自分を想像してみてください。ピッチャーが投球した直後のボールはとても小さく見えますが、バッターのあなたに近づいてくるにつれて視界の中で徐々に大きくなります。

同じ球速でバッティングの反復練習をしたとしましょう。あなたは無意識的に学習しているはずです。ボールがこの大きさになったところでスイングを開始すればよいのだと。

しかし、あるとき急に球速が10km速いボールや10km遅いボールが投じられたら、振り遅れたり、待てずに空振りしてしまったりするでしょう。「ボールのサイズ」を目安としてスイングを学習していたからです。

どんな球速のボールに対しても、正確にタイミングをはかれるようにするには、一定の球速で反復練習するのではなく、速さに変化をつけます。球速を例えばランダムに変えるのが、制約の操作に他なりません。

球速がバラバラだと、ボールの大きさはスイング開始のヒントになりません。無意識のうちにヒントにしているのはボールサイズの拡大率です。球速の速いボールは拡大スピードが速く、遅いボールは拡大スピードも遅いということになります。

このようにボールサイズの拡大率をヒントにすれば、球速を問わずにタイミングをはかれます。自分に接近してくる物体が到達するタイミングを拡大率をヒントにして掴むという知覚は、あらゆる迎撃スキルに活用できます。飛翔してきたクロスボールにヘディングで合わせる、落下してきたバレーボールにタイミングよく手を合わせてスパイクを打つなどがその一例です。

生態心理学の中心的な研究者であるジェームズ・ギブソンは、ボールサイズの拡大率のような、あらゆる条件下で活用できる高度な情報を「不変量」と呼びました。エコロジカル・アプローチの研究者は、不変量のような情報の知覚と、それに基づく運動や意思決定こそ熟練したスキルだとして、継続的に制約を操作することの重要性を強調しています。

難しい判断を適切に行うためには、特定の状況ではなく、あらゆる状況を経験しておく必要がある、という話です。サッカーでしたら、自分の近くを通過するボールをインターセプトしにいくかどうかの判断ができるのは、同じようなボールが様々な速度や距離感で通過していく経験をしていたからです。1対1の突破を仕掛けてくる相手の選手からボールを奪いにいくか、下がって対応するかの判断ができるのは、様々な間合いと接近速度で1対1を経験していたからです。

本文中で解説した動作の学習だけでなく、知覚能力の学習でも、一定の環境下ではなく、制約操作を通じたあらゆる環境下で学習していくのが望ましいです。


制約主導アプローチの五つのプリンシプル（5）注意のフォーカス

人は自分の運動を制御しているとき、どこに注意を向ければ良いのでしょうか。制約主導アプローチは、そのポイントを「注意のフォーカス」と称しています。注意のフォーカスは、内的フォーカスと外的フォーカスの二つに大別されます（Wulf, 2007）[12]。

内的フォーカスとは、パフォーマーの注意が「動作そのものに向けられている」状態です。サッカーのキックであれば、軸足の膝の角度や蹴り足の軌道といった、筋肉や関節など身体に関する情報に注意は向けられています。

一方の外的フォーカスとは、パフォーマーの注意が「動作の効果に向けられている」状態です。キックされたボールの軌道や、ボールを届けたい味方の位置などに注意は向けられています。内的と外的の違いは、注意の矛先が身体の内部の情報に向かっているか、外部の情報に向かっているか。あるいは運動の内容に向かっているか、運動の結果に向かっているかです。

内的と外的のどちらにフォーカスしたほうが良いパフォーマンスを得られるか、スキーのシミュレーターを使った比較研究があります（Wulfら、1998）[13]。被験者は三つのグループに分けられました。タスクはシミュレーター上で、スラロームの動作をできるだけ大きな振幅で行うことですが、A群は「自分の外側の足に」、B群は、「外側のスキー板に」力を発揮するように求められます。C群には何も指示を与えません。A群が内的フォーカスグループで、B群が外的フォーカスグループです。

結果、振幅が最も大きかったのはB群の外的フォーカスグループでした。指示なしのC群がこれに続き、成績が最も悪かったのはA群の内的フォーカスグループでした。

運動パフォーマンスや学習パフォーマンスで、外的フォーカスのほうが優れた成績を示した研究は、ゴルフ（Wulfら、1999）[14]、投擲（Wulfら、2010）[15]、ランニング（Schückerら、2013）[16]、姿勢制御タスク（Polskaiaら、2015）[17]などで数多く報告されています。

こうしたスキルの質だけでなく、スキルの量を含めた研究に、バドミントンのサーブ動作を対象としたものがあります（Peh、2018）[18]。より個性的で多様なサーブを学習できたのは、外的フォーカスグループでした。

内的フォーカスには、プレッシャー下で運動の崩壊を引き起こしやすいという問題もあります（Beilockら、2002）[19]。ペナルティキックのようなプレッシャーが大きい状況では、普段以上に身体内部にフォーカスしてしまう傾向があります。普段は意識せずに実行できていた、助走の角度、上体の被せ方、蹴り足を入れるときの感覚などを考え出し、そのせいで身体の協調関係が壊れ、あり得ないミスを犯してしまうのです。

運動の崩壊が起きやすいのは、普段の練習から身体内部にフォーカスしている学習者です。もともと内的フォーカスなのに加えて、プレッシャー下でさらに内部に焦点を合わせてしまい、パフォーマンスを大きく下げているわけです。

プレッシャー下での運動の崩壊を避けるには、外的フォーカスで運動を学習していくべきですが、指導者には何ができるでしょうか。やはり制約の設定を中心とするアプローチです。学習者の運動の内容に対するコーチングの量を減らし、制約を満たすことに注意を向けさせます。そうすれば学習者のフォーカスは、動作フォームなどの内的なものではなく、自身の動作が周囲の環境に及ぼす影響のほうへと向かうようになり、外的フォーカスが促進されます。

伝統的アプローチの指導では、学習者のフォーカスは内部へ向かいがちです。なぜなら、いかに動作すべきか、言葉で規定するからです。直感的に良いキックを蹴れるのは、どのようなフォームで蹴るかを頭で考えているときよりも、どのようなボールをどこに届けたいかに意識や注意を向けているときではないでしょうか。

外的フォーカスを支えているのは、人の自己組織化傾向です。制約を満たそうとするだけで、自身とその時々の環境に合った動作パターンが無意識的に現れます。無意識的な動作パターンは、プレッシャー下での実行にも動じません。

よく言われる「プレーの自動化」とは、このような無意識化を指しています。ある動作や戦術を暗記して、環境にはお構いなしで、自動的に用いることではありません。

ここまで見てきた通り、注意のフォーカスという観点からも、人の運動特性により適しているのは制約主導アプローチだと言えます。

2 トレーニングアイディア

ここからは、制約主導アプローチでどのような学習環境をデザインできるか、具体的なアイディアを提供していきます。

スモールサイドゲームの開発

高い評価を得ているのはスモールサイドゲームです。代表性、タスク単純化、機能的バリアビリティ、外的フォーカスといった、制約主導アプローチのプリンシプルを満たしています。初心者を含め、基礎と言われるスキルを学習でき、学習効果も高いです。

バスケットボールで12歳の学習者を対象とするスモールサイドゲームを開発した例を紹介しましょう（Chowら、2022:b）。[1] まず初めに、学習者の身長、垂直跳びの記録、シュート可能な距離、パス可能な距離、ドリブルスキルなど個人制約に関するデータを集計します。そのデータを活用し、スモールサイドゲームのタスク制約を調整します。

例えば、スリーポイントラインを、学習者全員のシュートが届くレンジに設定します。その距離で片手のシュートを学習させるなら、軽いボールを使用します。ダンクシュートを学習させたい場合は、身長や垂直跳びなどのデータを活用し、ゴールのリングを適切な高さに設定して、積極的にダンクに挑戦できる環境を作ります。

正規のゲームはまだプレーできない初心者でも、タスクをドリブル、パス、シュートなどに分解するスキルドリルに直行するのではなく、制約主導アプローチがプリンシプルの一つとしているタスクの単純化という操作を加えれば、ゲーム形式を維持したままの学習が可能です。

コートサイズは、計測した達成可能な両手パスの距離をもとに設定します。サイドラインの長さが達成可能なパスレンジの2倍程度のコートサイズであれば、多くの状況で無理なく味方選手にパスが届くでしょう。片手パスをより誘発したいときは、コートをさらに狭くする、ボールを軽くするなどの制約操作が有効です。

同様にスモールサイドゲームでドリブルの学習に焦点を合わせるなら、最初に適切なボールを選定します。まずはドリブルできるコースを設計し、様々なサイズや重さのボールを使ってタイムを計測します。その記録から最もドリブルしやすいボールを選定し、スモールサイドゲームで用いれば、ドリブルを実行する機会をより増やせるでしょう。

サッカーでスモールサイドゲームの一種と言えるのは、ドイツ人のホルスト・ヴァインが開発した「フニーニョ」です（図2-10）。縦25〜30m×横20〜25mほどの大きさのピッチにゴールを二つずつ設置して3対3を行います。ゴールキーパーはつけず、ゴールから6mのラインより手前からしかシュートは打てません。基本的な制約はそれだけです。

図2-10　フニーニョ（スモールサイドゲームの一種）で使うコートとゴール

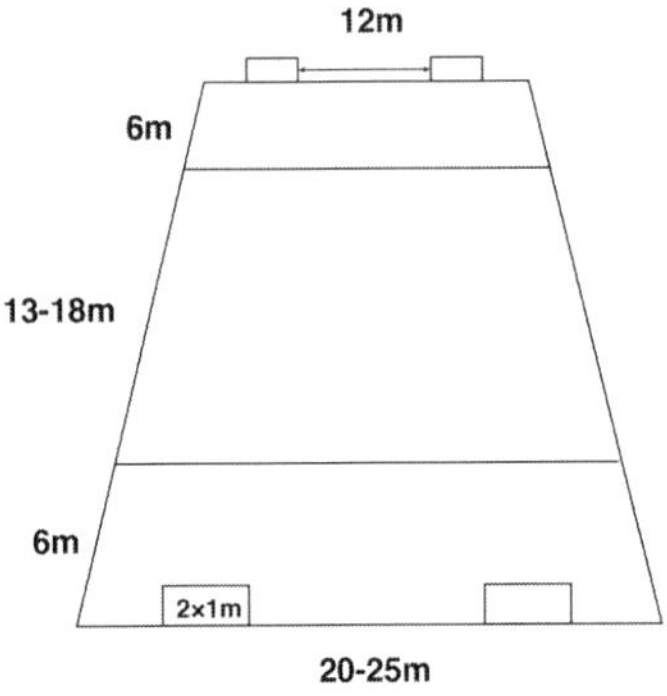

出典：FUNiño The Beautiful Game for Kids

それでもドイツの11～12歳のカテゴリーで行われている7対7と比べて、推定でパス本数が200%、得点のチャンスが400%、1対1の機会も400%、ドリブルの機会は500%の増加が見込めるそうです（www.thecoachdiary.com/wp-content/uploads/FUNINO-BROCHURE-OCT-20131.pdf）[20]。

次のようなその他の効果も報告されています。

プレイヤーが一箇所に固まることを防ぐ。視野が広がる。クリア&ラッシュではなくパスによる展開が増える。ダイアゴナルなサポートも増える。プレーに関与する機会も増える。

フニーニョには制約を操作するバリエーションも多数あります。3対3を3対2に変える。よりサイズの大きいゴールを使う。対角線上のゴールしか狙えないようにする。ゴールライン上にボールを止めたら得点となる。2チームではなく3チームに増やす。前方へのパスを禁止する。複数のボールを使う。ゴールキーパーをつける、などです。

指導者はこのように、正規のゲームや既存のスモールサイドゲームに囚われず、独自のスモールサイドゲームを考案すればよいのです。ただし、以下のポイントに注意してください。

①個人制約を評価する

個人の能力は、イコール制約です。様々なサイズ、重さ、硬さのボールを用いて、シュートの飛距離、正確に届けられるグラウンダーのパスの飛距離などを事前に評価しておけば、コートサイズを適切に設定するヒントにできます。前述したバスケットボールと同様のドリブルテストを実施して最適なボールを選定しておけば、そのボールを使ったスモールサイドゲームで積極的にドリブルにチャレンジさせられます。ゴールキーパーが適度にセービングでき、適度にセービングできない距離を把握しておけば、ゴールの大きさを適切なサイズにできます。

以上の例示に限らず、重要だと感じられる様々な個人制約を正しく評価しておくと、スモールサイドゲームの制約を設定するヒントにできます。評価項目は計測でき、定量化できればベターですが、質的な観察でも構いません。

②制約を設定し、アダプティブゾーンに留まるように調整する

評価した個人制約に基づいて、コートの広さ、競技人数、ゴールのサイズ・位置・数、その他のルールといったスモールサイドゲームの制約を設定します。制約の設定が適切か、見極める基準は次の三つです。

- 使えるスキル
- バリアビリティのレベル
- スモールサイドゲームの難易度

まずは使えるスキルを見極めます。ファーストタッチ、パス、キック、ドリブル、シュートといった基本的なスキルだけでなく、守備面のスキルや、カバーリング・サポート位置などのポジショナルなスキルも、どこまでできているか見極めてください。

次に傾向や反応を見極めます。同じスキルを使いすぎていないか。多様なスキルを求められて困っていないか。学習してほしいスキルがある場合はきちんと学習できているか、などです。

図2−8のようなスキルスペースが、どのくらい埋まっているかです。

スキルを実行しているときのバリアビリティも見極めの基準となります。例えばインサイドを使ったファーストタッチでは、足元へのボールのコントロール、身体から離れたボールのコントロール、浮き球のコントロール、体勢が崩れた状態でのコントロール、移動しながらのコントロールなど、それぞれのバリアビリティのレベルを観察し、制約を決める基準とします。

現在の制約を簡単にクリアできているかどうか、難易度が高すぎるかどうかも基準となります。プレーの成功率などでこれは見極められます。

学習の進行速度も見極めなければなりません。学習速度が速すぎても遅すぎてもアダプティブゾーンの外に出てしまいます。

このようにして「見極め→制約操作→見極め→制約操作→……」のサイクルを繰り返します。

③制約操作の頻度を調整する

制約操作の頻度を調整するのは、学習者を常にアダプティブゾーンに留めておくためです。制約をいくら移行してもすぐにスキルや動作パターンが安定する場合は、制約操作の頻度を高めます。学習に時間がかかっていれば、頻度を落とします。この判断は事前に計画できるものではないので、その都度の見極めが重要です。

自由に考案していいのはスモールサイドゲームだけではありません。例えば練習試合でボールやコートサイズの制約を操作しても構いません。

ただし、念を押しておきます。いくらスモールサイドゲームを考案しても、伝統的アプローチの規定的な指導のままでは、学習者自身が試行錯誤する制約主導アプローチの指導と比べると効果に大きな違いが出てきます（Santosら、2018）[8]。

練習開始から数十秒でフリーズをかけ、答えめいたものを与えても、絶えずコーチが声を掛けるシンクロコーチングでも、スモールサイドゲームの利点を引き出せません。前述したフニーニョにも、オーバーコーチングを避けるために、ピッチ外からの指導者のコメントを禁じるプリンシプルが存在しています。

指導者の皆さんの多くは、すでにスモールサイドゲームのトレーニングを実践しているでしょう。これからは答えを教えるスモールサイドゲームではなく、学習者が自分で問題を解決し、自らの適応能力を引き出す、スモールサイドゲームの運用を心掛けるようにしてほしいです。

エコロジカル・アプローチのコーチ像は、運動課題の解決法・答えを教える「Solution Setter」ではなく、運動課題を設定する「Problem Setter」です。学習者が解いていく課題として、様々なスモールサイドゲームを投げかけてみてください。

ボールの制約操作

最も簡単に制約主導アプローチの良さを取り入れる方法は、テニスであればラケット、スキーであればスキー板というように重要な器具を操作することです。サッカーの学習者の場合は、ボールの操作が最も強烈なインパクトを持っているように感じます。5号球をうまくコントロールできるようになるために、4号球、6号球、テニスボール、ラグビーボール、バランスボールなど、様々なボールをトレーニングで用います。

プロサッカー選手らがトイレットペーパーをボールに見立てて、リフティングにチャレンジする動画が出回っています。スキルを適応させるというのは、あのイメージです。指導者の皆さんは、異なるサイズのボール、異なる重さのボール、異なる硬さのボール、異なる反発係数のボールで、どんどん学習者にプレーさせてみてください。

普段から行っている基礎的なトレーニングで異なるボールを使うと、それだけで身体から脳に伝えられる情報は増大し、新たな制約に適応しようと反応します。適応しようとするこのプロセスこそ、運動学習の正体です。

ディファレンシャル・ラーニングを提唱したヴォルフガング・ショルホーンが「人は違いからしか学べない」と述べているように、我々の適応力は異なる用具、異なる施設、異なる環境から引き出されます。いつものトレーニングを異なるボールで行うだけでも、効果をかなり実感できるはずです。ぜひ積極的にボールの制約操作を取り入れてください。

一度のセッション内で制約を操作する頻度

これから制約主導アプローチを取り入れる指導者の皆さんが疑問に感じるのは、制約操作の頻度でしょう。結論から言うと、制約を変更するかどうか迷ったときは必ず変更する。それぐらいの意識で構いません。

例えばロンドを行うとします。今日の制約はこれだと、コートサイズ、人数、ルールなどを固定するのではなく、積極的に制約を移行することをお勧めします。

一日のトレーニングで1～4まで4種類のトレーニングを行うとして、制約を4種類しか経験できなければ、バリアビリティが低すぎた、となることのほうが多いです。一度のトレーニングセッション内で様々な制約を経験できるようなデザインを目指してください。

それでもタスク分解をする場合はディファレンシャル・ラーニングで

制約主導アプローチでは、トレーニングの代表性を高めるために、タスク分解ではなくタスク単純化にこだわります。ただし、やむを得ず、タスク分解のスキルドリルでトレーニングを行わなければならない場合もあるでしょう。やむを得ない事情とは、学習者の競技レベルや発育段階、練習環境の用具や施設、参加者の人数などです。その場合、指導者はどのように対処すればよいでしょうか。

一つ目の対処法は、制約主導でスキルドリルを行うことです。第1章で紹介した研究がその効果を裏づけています（32頁以降の記述を参照）。

実施する際のポイントは、この動作が正しい、こう動くべきなどといった言語的な規定を避けることです。動作が安定してきたら、制約を操作して、バリアビリティのレベルを保ちます。さらに外的フォーカスなど、制約主導アプローチのプリンシプルを意識します。

そうやって進めていけば、たとえタスク分解のスキルドリルでも、伝統的アプローチのスキルドリルと比べれば高い学習効果が期待できます。

ただし、いくら制約を操作しても、スキルドリルの場合は同じスキルや同じ運動しか引き出せません。しかもドリブルなど攻撃のスキルであれば、守備者がいない状況や、時間とスペースが限られていない状況でのトレーニングになるので、自身が心地よいと感じるスキルを多用しがちになり、学習が進みにくいという難点が、特に上級者のネックとなります。

こうした課題に対する有効な解決策として、エコロジカル・アプローチと多くの価値観を共有するディファレンシャル・ラーニングが、第二の対処法として浮上します。

エコロジカル・アプローチと共通しているのは、規定的な指導ではなく、制約によってスキルを学習させるところです。違いは、ディファレンシャル・ラーニングのほうが繰り返しのトレーニングを厳しく禁じるところにあります。繰り返しは0回が基本で、多くて2〜3回です。理想とするバリアビリティのレベルも制約主導アプローチより高くなります。

繰り返しのトレーニングを許さないということは、かなり頻繁に制約を操作しなければなりません。コーチの仕事量は膨大なものとなります。このネックを取り除くために、ディファレンシャル・ラーニングは、以下の二つを取り入れています。

①スキル項目を規定する＋繰り返さない
②身体制約をつける

スキル項目を規定するのは指導者です。例えば三人が三角形になる典型的なパス＆コントロールのトレーニングで、1周ごとにカラーコーンの位置や角度を変えるのは現実的ではありません。しかし、制約を移行しないままだと、インサイドでコントロールして、インサイドでパスというように同じスキルの実行を繰り返すようになります。

そうならないように指導者が、ファーストタッチは右足アウトサイド、パスは左足アウトサイドというようにスキル項目を規定します。伝統的アプローチとは違って、左足アウトサイド

表2-3　ディファレンシャル・ラーニンググループの結果

	伝統的アプローチ	制約主導アプローチ	ディファレンシャル・ラーニング
総アクション回数	65.2±10.7	74.7±8.2	72.4±11.8
成功回数	32.7±9.3	40.2±8.3	39.6±8.1
アクションの種類	13.1±5.8	19.3±5.3	18.8±5.0
創造的なプレー回数	0.45±0.51	1.14±0.77	0.95±0.84
成功した創造的なプレー回数	0.14±0.35	0.45±0.67	0.32±0.56

出典：Orangi, B. M., Yaali, R., Bahram, A., van der Kamp, J., and Aghdasi, M. T. (2021). The effects of linear, nonlinear, and differential motor learning methods on the emergence of creative action in individual soccer players. Psychology of Sport and Exercise, 56, 102009.

でパスを出すときの軸足はこう、蹴り足はこう、身体の向きはこうなどと、動作の詳細は規定しません。指導者が留意すべきポイントは、規定するスキル項目を毎回変えて、同じスキルを繰り返させないようにすることです。指導者がスキル項目を規定すると、好みのスキルだけを使っていた学習者はそれができなくなります。しかも、規定されるスキル項目は毎回変わるので、動作のバリアビリティは極めて高いものとなります。

実を言うと、32頁以降で紹介しているスキルドリルの実験は、伝統的グループ、制約主導グループ、そしてディファレンシャル・ラーニングのグループと、三つのグループを比較した研究です。実験の結果、ディファレンシャル・ラーニングのグループは制約主導グループと同等の成績を残しています（表2-3）。他の実験でも、ディファレンシャル・ラーニングのグループは伝統的アプローチのグループよりも優れた成績を残しています（サッカー：Schöllhornら、2012）[21]（スピードスケート：Savelsberghら、2010）[22]（砲丸投げ：Beckham&Schöllhorn、2006など）[23]。

身体制約とは、**写真2-1**のように両手を胸の前に上げるなど、学習者の身体そのものに設ける制約です。このようにしてバリアビリティを高めて、普段使っているスキルを、異なる動作パターンで実行させるように仕向けます。

複数の研究が身体制約の効果を検証しています。**表2-4**はそれらの実験で検証された身体制約の一部です（サッカー：Schöllhornら、2012）[21]（スピードスケート：Savelsberghら、2010）[22]。伝統的アプローチと比較する実験の結果、サッカーでは胸トラップなどのスキルがより速く上達し、スピードスケートではより速い滑走速度が得られたそうです。

なぜ、伝統的アプローチを上回る学習効果が得られたのでしょうか。スキルの正体は適応力だからです。同じ動作を反復する伝統的アプローチのトレーニングは、内的変化に対応する術も、外的変化に対応する

写真2-1　サッカーにおける身体制約

著者提供

術も与えてくれません。

両腕を頭の後ろで組みながらドリブルすると、その身体制約が内的な乱れを生み出し、既存の安定していた動作パターンを不安定化させます。その結果、新たな動作パターンが発見しやすくなるのです。

アイロンがけを想像してください。シワの寄ったシャツに冷たいままのアイロンを押し当ててもシワは消えません。水のスプレーをかけてから熱いアイロンを押し当てると、シワは消えやすくなります。シワが既存の安定した動作パターンで、熱や水が身体制約、アイロンの圧力がトレーニングに相当します。身体制約（熱や水）で既存の安定した動作パターン（シワ）を不安定化してからトレーニングする（アイロンを押し当て

表2-4　身体制約の例

胸トラップの身体制約	スピードスケートの身体制約（スタート時）
・右目閉じる＋左手挙げる＋右手まっすぐ	・スリーポイントスタート
・膝立ち＋右目閉じる	・両手を氷につけ、スケートをV字型にする
・両足閉じる＋右目閉じる	・スケート靴を右に平行にして、手を後ろで組む
・足部の内側を地面につける＋頭を左右に回す	・右腕を前に出し、スケートを外側に傾ける
・足をクロス＋上体を左右に振る	・腕は身体の横で、スタート前にジャンプをする
・腰を左右に動かす＋両手を真横に伸ばす	・両腕を前に出し、V字型に滑走
・つま先立ち＋手を同じ方向に回す	・左のスケートを前に出し、下を向く
・足部の内側を地面につける＋腕を前方に回す	・後ろ足に体重を乗せ、腰を後ろへ
・両足閉じる＋手は身体の横につける	・スタート前に1歩右へ移動し、腰を後ろへ
・左足で片足立ち＋腕を前方へ回す	・スタート前に180度ターンする

出典：I Schöllhorn, W., Hegen, P., and Davids, K. (2012). The nonlinear nature of learning-A differential learning approach. The Open Sports Sciences Journal, 5(1).（サッカー）　Savelsbergh, G. J., Kamper, W. J., Rabius, J., De Koning, J. J., and Schöllhorn, W. (2010). A new method to learn to start in speed skating: a differencial learning approach. International journal of sport psychology, 41(4), 415.（スピードスケート）

る）ことにより、新たな運動パターン（シワの取れた新たな状態）を発見しやすくなります。

このような運動学習を通じて動作パターンのバリエーションを増やしていくと、内的変化（スピードスケートのスタートで足が流れるような変化）にも外的変化（トラップするボールが予想とは違う位置に飛んできた）にも耐えて、パフォーマンスを安定させる能力を高められます。

ディファレンシャル・ラーニングと制約主導アプローチの違いを、スキルスペースを使って表現すると図2－11のようになります。

図2-11　ディファレンシャル・ラーニングによるバリアビリティ・探索の強制

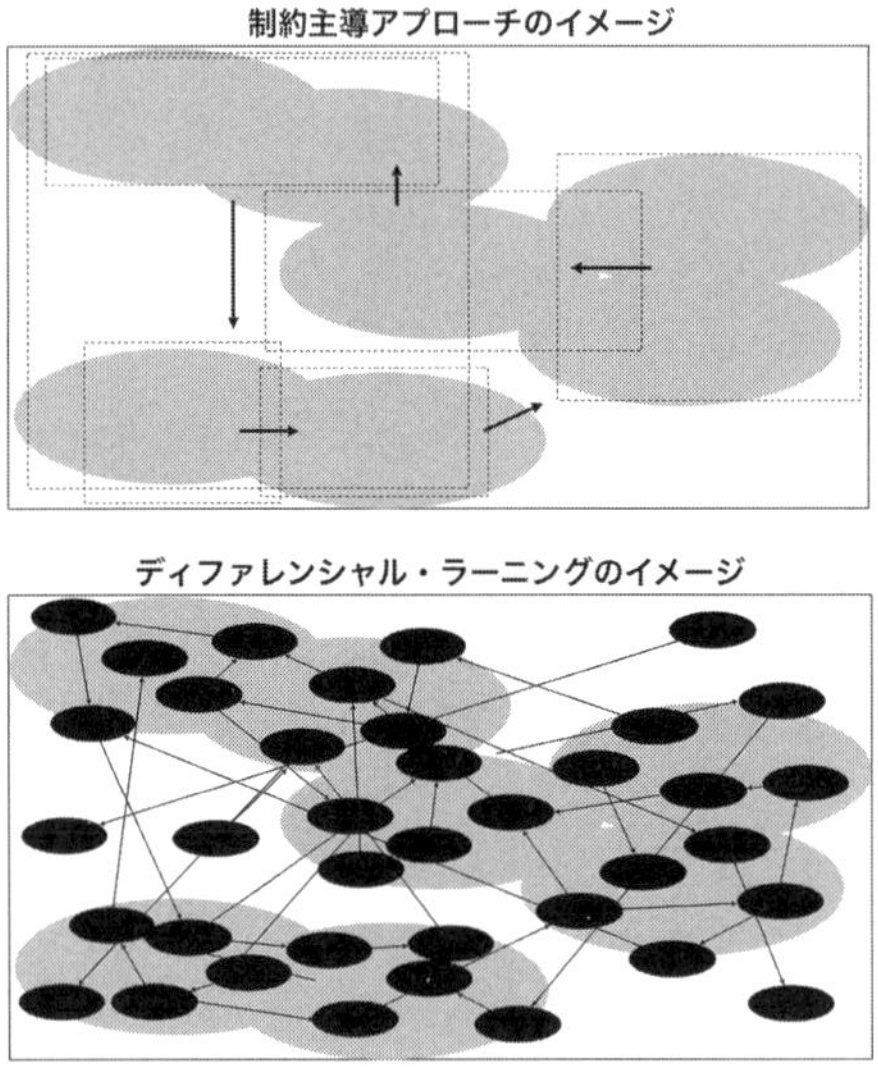

制約主導アプローチは、制約操作によってスキルスペースの空間を探索するように導きます。一方のディファレンシャル・ラーニングは、特定の領域に強制的に向かわせるようなイメージです。

スキルスペースの一箇所だけを理想として、そこに留まらせるように反復させる伝統的アプローチとは異なります。ディファレンシャル・ラーニングも特定の領域に向かわせますが、そこに留まることは固く禁じ、次から次へと異なる領域に向かわせて、スキルスペース全体を強制的に探索させます。

スキルスペースが地図、学習者が旅人だとします。旅の目的はなるべく広い領域を見聞きすることです。制約主導アプローチは「1週間以上同じ都市に留まらない（同じスキルを反復させない）」「新しい都市を訪れたら交通費が支給される（新たなスキルを幅広く実行させる）」といった制約で旅人を誘導します。ディファレンシャル・ラーニングはA市のB町に行けという命令を、指定する町を変えて繰り返すイメージです。バリアビリティを高めて、広い領域を探索させるという価値観は共有していますが、制約主導アプローチが制約操作によってバリアビリティを引き出そうとするのに対し、ディファレンシャル・ラーニングはバリアビリティを強制的に与えます。

ディファレンシャル・ラーニングの目的は、学習者にスキルスペースの隅々まで、極めて広い領域を探索させるところにあります。それゆえこの運動学習理論の提唱者であるヴォルフガング・ショルホーンは「最高になるためには正しい練習をしてはならない」という表現や、「ディファレンシャル・ラーニングはSuperfluous（過剰な、余分な）トレーニングである」という表現でその要諦を示しています。つまり、ターゲット・ムーブメント（55頁以降の記述を参照）

に留まるのではなく、バリアビリティの高い運動によって環境変化に適応するためのトレーニングをするべきだという主張です。背後に見えているのが、試合で同じ動作を求められることは二度とないのだから、厳密な繰り返しトレーニングには意味がないという確固とした哲学であり、その実証研究です。

ディファレンシャル・ラーニングの考え方を取り入れると、代表的なスキルドリルの一つであるボールマスタリーはどう変わるのでしょうか。

ボールマスタリーの具体例には、以下のようなものがあります。インサイドとアウトサイドでタッチを繰り返す。足の裏で引いてからインサイドで押し出す。フェイント動作の後にターンする。

一般的に行われているこうしたボールマスタリーを、ディファレンシャル・ラーニングの目線で解釈すると、こうなります。繰り返しの回数が多すぎる。バリアビリティ不足。ボールマスタリーと本番の試合をつなぐトレーニングが少ない。

ディファレンシャル・ラーニングのトレーニングにボールマスタリーを取り入れる場合は、したがって繰り返しの回数を減らします。動作が安定している上級者であれば、繰り返しは0回でよく、初心者でも3回以下に減らします。初心者は繰り返し回数をもっと多くしたほうが良いのではないかと思わるかもしれません。しかし、32頁以降で紹介したスキルドリルの実験

表2-5　**各アプローチの違い**

	伝統的アプローチ	制約主導アプローチ	DL
理想的動作への指導	○	×	×
バリアビリティを重視	×	○	◎
繰り返し	○	△（動作が安定するまで）	×
バリアビリティの高め方		誘導 ・ 適度な制約の広さ ・ 制約操作	強制 ・ スキル項目の規定 ・ 身体制約
スキルスペースでの表現	スキルスペースの特定の領域に留まらせる	幅広い領域を探索するよう制約する	幅広い領域を探索するよう強制する

※DL＝ディファレンシャル・ラーニング。

は初心者を対象としていたにも関わらず、繰り返しを禁じたディファレンシャル・ラーニングのグループが伝統的アプローチのグループよりも高い学習結果を示しました。

ディファレンシャル・ラーニングのトレーニングでは、中上級者はもちろん、初心者も繰り返しを減らして、ボールマスタリーの種目（メニュー）を徹底的に増やします。スキルの実行に、よりバリアビリティを加えるためです。

どの種目も安定してできるようになったら（最初から安定してできていたら）、腕を前で組む、後ろで組む、腕を上げるなどの身体制約によってバリアビリティをさらに加えます。

望ましいのは、ボールマスタリーというタスクを分解した環境でスキルを最適化せず、いずれ試合で発揮するスキルなのだからと、対人形式で動的なトレーニングへと早めに移行していくことです。動的とは、どのボールタッチを使えばいいかわかりにくい不確実性や、判断が伴うようなトレーニングです。トレーニングの代表性を段階的に高め、滑らかに試合に転移させるという方針の下で学習させていきます。

以上の、繰り返さない、項目を増やすことや身体制約を加えることでバリアビリティを高める、代表性を段階的に高めるという発想は、ほぼすべてのスキルドリル――いわゆる基礎トレーニング全般、パストレーニング、シュートトレーニング、ドリブル系のドリル、ゴールキーパーのトレーニングなど――に適用できます。

タスクを分解した普段のトレーニングに、ぜひ制約主導アプローチやディファレンシャル・ラーニングのエッセンスを取り入れて、独自のトレーニングを考案してください。

既存のトレーニングの制約主導化

制約主導アプローチの五つのプリンシプルに沿う形で、学習環境をゼロからデザインするのは、なかなか骨の折れる作業です。お勧めは、既存の一般的なトレーニング・伝統的なトレーニングを制約主導化していくことです。普段のトレーニングに代表性やバリアビリティを加え、動作を規定する直接的な指導を、制約による間接的な指導に変換していきます。

例えば二人一組のボレーキックの練習を、どう変換していけばよいのでしょうか。伝統的アプローチのままですと、同じ動作の繰り返しで、バリアビリティが不足しています。まだボールを正確にコントロールできないレベルであれば、適切なバリアビリティのレベルかもしれませんが、多くの学習者にはほとんどトレーニング効果がないでしょう（ウォームアップならまだ理解できますが）。

このトレーニングのままでスキルを最適化してしまえば、より多様な浮き球の処理が求められる実際の試合では対応困難になると予想できます。例えばインサイドのボレーが10本中5～6本できるようになったら、早急に次のレベルに移行するべきです。これが制約の操作であり移行です。

具体的には、以下のような変更です。繰り返しの回数を減らす。複数のスキル（例えばインサイドを使うボレー、インステップを使うボレー、太ももを使うボレー）を不規則なランダムで繰り返す。ボールをフィードする位置を変える。キックを送り返す距離や角度を変える。いずれもトレーニングのバリアビリティを高めて、より多様なコントロール・ボレー動作を経験させるための工夫です。

このような制約主導化をさらに進めたものが、サッカーバレーのようなトレーニングです。より多様なコントロールが求められる。どのようなコントロールが求められるか、直前まで分からない。そうした制約の中でネットの向こうにボールを送り返す。いずれも実際の試合における知覚や動作に類似しているので、代表性が高いトレーニングです。バリアビリティも杓子定規なスキルドリルと比べて明らかに高いです。

スキルや動作が安定してきたら、ネットの高さ、コートサイズ、ボールサイズ、スタートポジション、その他ルールの制約操作や身体制約を加えられます。ルールの制約とは、ファーストタッチを利き足ではない足限定にする、などの操作です。

サッカーテニスは、ボールを落とさずにラリーを続けるという制約さえ満たしていれば、どのようなプレーをしてもよいので、スキルが多様化していきます。おそらくかなり独創的なコントロールをする学習者も現れるでしょう。そうした個性的な選手の出現も、制約主導の利点の一つです。筆者の仮説では、南米の選手に特有の浮き球のコントロールはサッカーバレーに由来しています。

制約主導アプローチの、代表性を高める、タスクを単純化する、バリアビリティを加える、フォーカスを外側に向ける、制約操作によって学習させる（制約を満たそうとするだけで自然と学習が進む）という五つのプリンシプルを反映しているのがサッカーバレーです。同じスキルの繰り返しに終始する二人一組のトレーニングと比較して、どちらがより有効でしょうか。

二人一組の繰り返しのトレーニングをサッカーバレーに置き換えるような変化が、既存のトレーニングの制約主導化です。制約主導アプローチの五つのプリンシプルが反映するように、既存のトレーニングに修正を加えていきます。今まで使ってきたトレーニングの制約主導化を、あれこれと試してみてください。

第2章のまとめ

エコロジカル・アプローチという運動学習理論を実践する制約主導アプローチは、「代表性」「タスク単純化」「機能的バリアビリティ」「制約操作」「注意のフォーカス」という五つのプリンシプルを掲げています。

学習したスキルを試合で発揮できることを、エコロジカル・アプローチでは「転移」と表現しています。転移の可能性を高めるには、試合環境と知覚、判断、動作が類似した「代表性」の高い練習環境でトレーニングする必要があります。代表性を高めるためには、試合環境に存在する制約を分解せずに修正する「タスク単純化」が有効です。

高いパフォーマンスに貢献するのは、動作の安定性と「機能的バリアビリティ」です。その両方を学習するために、練習環境に適切な制約を設け、制約を適宜操作することが重要です。

運動学習、スキル習得の効果が高まるのは、「注意のフォーカス」を動作そのものではなく、動作の効果に向けているときです。パスであれば「ボールをどう蹴るか」に意識を向けるのではなく、「どんなパスを出せば制約をクリアできるか」だけに意識が向くよう、コーチの役割は制約の設定に留まります。

制約主導アプローチのトレーニングを実践していくには、五つのプリンシプルを反映している独自のスモールサイドゲームを構築する、既存のトレーニングを制約主導化するなどの方法があります。

事情によりタスクを単純化するトレーニングを行うのが難しく、タスクを分解する場合は、エコロジカル・アプローチと多くの価値観を共有しているディファレンシャル・ラーニングのトレーニングが活用しやすい代案となります。

【第２章の参考文献】

1 Chow, J. Y., Davids, K., Button, C., and Renshaw, I. (2022). Nonlinear pedagogy in skill acquisition: An introduction. Routledge. a:Chapter4, b:Chapter 12.

2 Pinder, R. A., Renshaw, I., Davids, K., and Kerhervé, H. (2011). Principles for the use of ball projection machines in elite and developmental sport programmes. Sports medicine, 41(10), 793-800.

3 Barris, S., Farrow, D., and Davids, K. (2014). Increasing functional variability in the preparatory phase of the takeoff improves elite springboard diving performance. Research Quarterly for Exercise and Sport, 85(1), 97-106.

4 Travassos, B., Duarte, R., Vilar, L., Davids, K., and Araújo, D. (2012). Practice task design in team sports: Representativeness enhanced by increasing opportunities for action. Journal of sports sciences, 30(13), 1447-1454.

5 D' isanto, T., Di Domenico, F., D' Elia, F., Aliberti, S., and Esposito, G. (2021). The Effectiveness of Constraints-Led Training on Skill Development in Football. Int J Hum Movem Sport Sci, 9(6), 1344-1351.

6 Clemente, F. M., Afonso, J., and Sarmento, H. (2021). Small-sided games: An umbrella review of systematic reviews and meta-analyses. PLoS One, 16(2), e0247067.

7 Bergmann, F., Gray, R., Wachsmuth, S., and Höner, O. (2021). Perceptual-Motor and Perceptual-Cognitive Skill Acquisition in Soccer: A Systematic Review on the Influence of Practice Design and Coaching Behavior. Frontiers in psychology, 12.

8 Santos, S., Coutinho, D., Gonçalves, B., Schöllhorn, W., Sampaio, J., and Leite, N. (2018). Differential learning as a key training approach to improve creative and tactical behavior in soccer. Research quarterly for exercise and sport, 89(1), 11-24.

9 Pakosz, P., Domaszewski, P., Konieczny, M., and Bączkowicz, D. (2021). Muscle activation time and free-throw effectiveness in basketball. Scientific Reports, 11(1), 1-8.

10 Chow, J. Y., Davids, K., Button, C., and Rein, R. (2008). Dynamics of movement patterning in learning a discrete multiarticular action. Motor control, 12(3), 219-240.

11 Schöllhorn, W. I., Mayer-Kress, G., Newell, K. M., and Michelbrink, M. (2009). Time scales of adaptive behavior and motor learning in the presence of stochastic perturbations. Human movement science, 28(3), 319-333.

12 Wulf, G. (2007). Attention and motor skill learning. Champaign, IL: Human Kinetics.

13 Wulf, G., Hoess, M., and Prinz, W. (1998). Instructions for motor learning: Differential effects of internal versus external focus of attention. Journal of Motor Behavior, 30, 169-179.

14 Wulf, G., Lauterbach, B., and Toole, T. (1999). The learning advantages of an external focus of attention in golf. Research Quarterly for Exercise and Sport, 70(2), 120-126.

15 Wulf, G., Chiviacowsky, S., Schiller, E., and Ávila, L. T. G. (2010). Frequent external focus feedback enhances motor learning. Frontiers in Psychology, 1, 190.

16 Schücker, L., Anheier, W., Hagemann, N., Strauss, B., and Völker, K. (2013). On the optimal focus of attention for efficient running at high intensity. Sport, Exercise, and Performance Psychology, 2(3), 207.

17 Polskaia, N., Richer, N., Dionne, E., and Lajoie, Y. (2015). Continuous cognitive task promotes greater postural stability than an internal or external focus of attention. Gait and Posture, 41(2), 454-458.

18 Peh, Y. C. S. (2018). The effect of attentional focus instructions on skill acquisition of an interceptive task from a nonlinear pedagogical perspective. Unpublished doctoral dissertation. Nanyang Technological University: Singapore.

19 Beilock, S. L., Carr, T. H., MacMahon, C., and Starkes, J. L. (2002). When paying attention becomes counterproductive: Impact of divided skill-focused attention on novice and experienced performance of sensorimotor skills. Journal of Experimental Psychology: Applied, 8(1), 6-16.

20 フニーノの資料：www.thecoachdiary.com/wp-content/uploads/FUNINO-BROCHURE-OCT-20131.pdf.

21 I Schöllhorn, W., Hegen, P., and Davids, K. (2012). The nonlinear nature of learning-A differential learning approach. The Open Sports Sciences Journal, 5(1).

22 Savelsbergh, G. J., Kamper, W. J., Rabius, J., De Koning, J. J., and Schöllhorn, W. (2010). A new method to learn to start in speed skating: a differencial learning approach. International journal of sport psychology, 41(4), 415.

23 Beckmann, H., and Schöllhorn, W. I. (2006). Differencial learning in shot put. Group, 6, 52m.

第3章

グローカル＝双方向型のチーム作り

制約としてのゲームモデルを使ったチーム戦術への転用——

エコロジカル・アプローチの考え方は、スポーツチームのような集団的なシステムの研究でも、伝統的アプローチの考え方と対比できます。なぜなら、スポーツチームの選手同士が協調し、連動するコーディネーションは、個人が運動する際の筋肉や関節のコーディネーションとよく似ているからです。

サッカーのチームは、ピッチ上の11人それぞれが自由に振る舞える複雑なシステムですが、それでも機能的で再現性のあるポジショニング、サポート、カバーリングなどの協調的な関係を観察できます。多くの構成要素からなる、自由度の高いこうした複雑系のシステムに、協調関係はどのように生まれるのでしょうか。

複雑系のシステムに、機能的な協調パターンをいかに作り出すか。これはスポーツ指導者の皆さんが、頭を悩ませている課題でしょう。多くの指導者はこう考えます。構成要素の関係を放っておけば、カオスしか生まれない。そこで構成要素間に厳密なルールを設定して、協調関係を作り出そうとします。

これは伝統的アプローチの考え方です。チーム全体に細かなルールセットを与えて、試合で正確に再現するために何度も練習でリハーサルしておきます。ルールセットとは、「このような状況では、各選手はこうポジショニングする」「選手Aがボールを持ったら、選手Bはこの位置に、選手Cは別のこの位置にサポートに入る」「ある状況でのパスのつなぎ方はA→B→

C……」というような決まり事のセットです。リハーサルを繰り返すのは、放っておけばどうなってもおかしくない自由度を制御して、一定の協調パターンをチームに定着させるためです。

伝統的アプローチでは多くの場合、ルールセットをコーチが規定して、チームに授けます。こうしたやり方でチームコーディネーションを形成する場合の特徴は、第1章で取り上げたマーチングバンドのシステムと同じように、規定、トップダウン、事前の計画、そして試合での正確な再現です。

これに対してエコロジカル・アプローチは、厳密なルールをトップダウンで規定するやり方が、複雑系のシステムで何らかのパターンを形成する唯一の方法ではないと考えます。アスリートに対して、障害物に当たらないようにターゲットゾーンにボールを落とすというような課題（制約）を与えれば、筋肉、関節、四肢の協調的な関係が自発的に生まれます。こうした個の自己組織化と同様に、チームにも制約を設ければ、選手間の協調的な関係が生まれると、エコロジカル・アプローチは考えます。なぜならば、人の身体にも、スポーツチームにも、共適応を基本原理として機能的なパターンを形成する性能が備わっているからです。少し難しい言い方をすると、どちらも適応的複雑系です（図3-1）。

第1章で人の関節と関節の共適応を解説しました。スポーツチームの共適応もあれと同じです。選手Aの動きに合わせて選手Bが位置を調整し、選手Bの変化に対応して選手Aが再び位

図3-1　自己組織化のイメージ図
（左が個人の身体コーディネーション、右がチームの組織的コーディネーション）

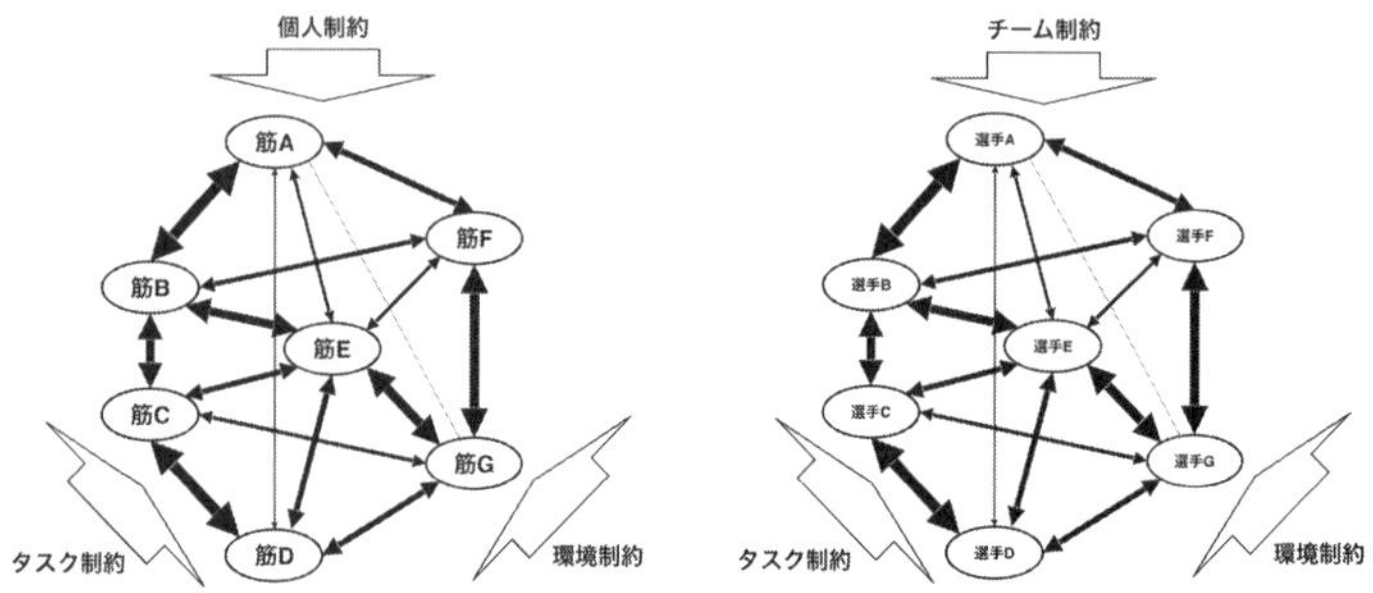

※制約があるから、適応するために構成要素が相互作用し、
機能的なコーディネーションの自己組織化が進む。

置を調整する。このような互いに調整する・調整させるという共適応を継続的に行うことで、局所から全体に協調的で機能的なパターンを形成できます。鳥の群れのシステムと同じです。第2章までに解説した制約下での自己組織化や、関連するプリンシプルの多くは、チームコーディネーションにも適用できるとされています。

チームコーディネーションはいかにして生まれるのか？

共適応による自己組織化という概念を、個人の運動からスポーツチームに広げる研究がここ20年で増えています。それらの研究で調査されているのは、あらゆる選手間の協調的な関係――サポートの関係、カバーリングの関係、コンビネーションプレーなど――が、どのように生まれているかです。

バスケットボールのエリートチームを対象として、チームコーディネーションを形成する際の共通理解に焦点を合わせた研究があります（Bourboussonら、2010）[1,2]。撮影した試合映像を見ながら、選手一人ひとりをインタビューして、自分が考えていたことと、チームメイトが考えていたことがどれだけ一致しているかを評価します。

明らかになったのは、チームメイトがどのようにプレーするかというソリューションはそれほど共有されておらず、その時々の目標だけが共有されていたことです。その時々の、今はチーム全体でこのエリアを攻略する、今はこう守る、などの目標です。

選手たちはそれぞれ、自分以外の選手がどう動き、どうプレーするか知りません。では、どうやって動きを調整しているかといえば、チームで共有している目標を達成するために、近くにいる一人か二人の選手の動きに注目していたのです。

この研究結果が示しているのは、各選手のソリューションや動き方のルールを事前に決めておく必要も、それを暗記しておく必要もなく、カオスな状況の中でも機能的なパターンを自発的に生成できるということでした。

もちろん、何の制約も設けない状況では、このような組織化は生じません。この場合、制約として機能しているのは、チーム全体のその時々の目標です。制約である目標を達成するために、近くの選手と協調を図ります。その結果、二〜三人の局所の協調関係が全体の協調関係へと伝播して、チーム全体がまとまって機能するということです。

サッカーで具体例を挙げましょう。ゴール前へのクロスボールに、三人のアタッカーが飛び込みます。この場合、選手Aがニアに、選手Bが中央に、選手Cがファーに走り込むというようなソリューションを事前に共有しておく必要はありません。「クロスにバランスよく飛び込む」という目標さえ共有しておけば、ニアに走り込む選手Aの動きを知覚した選手Bは中央へ、二人の動きを知覚した選手Cがファーへというように、バランスの取れたポジショニングが可能です。

サッカーのような集団スポーツの組織（チーム）は自由度の高い複雑なシステムですが、それでも共適応という相互作用によって行動パターンを豊かにできると、エコロジカル・アプローチは主張しています。

適応的なチームコーディネーション

エコロジカル・アプローチが主張しているチームコーディネーションは、その場、その場での自己組織化です。その場、その場という場当たり的にも聞こえる対応よりは、事前のルールセットを徹底的に練習して、選手間の協調関係を精密に再現すれば、より優れたパフォーマンスを発揮できるのではないか。そのような疑問が出てくるかもしれません。

しかし、流れの中で選手間のコーディネーションを事前に計画し、試合で正確に再現する難しさは、多くのチームスポーツで観察されています。セットプレーと同じように各選手の位置や動きを事前に計画しておき、試合中ずっと忠実に再現しつづける難しさです。

セミプロのサッカー選手を対象として、事前にリハーサルされた攻撃パターンをどれだけ再現できるか、実験した研究があります（Ferrarioら、1999）[3]。攻撃パターンは二つで、一つはスローインからパスを数本つなぐパターン、もう一つはクロスを入れてシュートというパターンです。どちらのパターンもディフェンダーはつけません。リハーサルを繰り返し、テスト本番で同じように再現するようにと指示します。実験の結果、ボールコントロールがずれる、パスがずれるなどの理由で再現性は低いことが明らかになりました。

伝統的アプローチが採用する、事前の計画と正確な再現を追求するチームコーディネーション戦略には限界があります。個人のスキルと同様に、スポーツチームの組織的なコーディネーションでも「縮退」が重要です。縮退とは、同じ目的を異なるソリューションで達成できる柔軟性を指しています。

チームコーディネーションの実践で縮退を引き出すためには、集団的なバリアビリティをある程度は高めなければなりません。先ほどのクロスの例でしたら、選手Aが走り遅れているのを知覚した選手Bがニアに走り、二人の動きを知覚した選手Cが中央へ、選手Aがファーに回り込むといった共適応により、「クロスにバランスよく飛び込む」という目標を達成します。

エコロジカル・アプローチの推進者たちは、警鐘を鳴らしています。環境変化のないところでのみ高いパフォーマンスを発揮できる伝統的アプローチの「事前の計画＋正確な実行」というパフォーマンス観が、チームコーディネーションの次元でも過大評価されている（Ribeiro ら、2019）[4]ことや、実際にそうした指導に偏っていることに対してです。

その上で、本当に熟練しているエキスパートのチームであれば、全く未知のシチュエーションに遭遇しても、プレーしながら機能的なチームコーディネーションを発見できると主張しています。パフォーマンスを左右するコンテキスト（その時々の環境やタスク）は不安定で動的なものなので、そこに柔軟に適応できるチームが高いパフォーマンスを発揮できるという主張です。

その際に問われることになるのが柔軟性です。相手チームがどのようにプレッシングを掛けてきているか。そこにはお構いなしに、事前の計画で用意したビルドアップに固執するのではなく、相手の守りを崩しやすいビルドアップを試合中に発見できるかどうかが問われます。

制約としてのゲームモデル

変化する状況に柔軟に適応できるチームコーディネーションを、効率よく学習する方法はあ

表3-1　ゲームモデルの例

原則	ボール保持時（攻撃）	ボール非保持時（守備）
ペネトレーション／ディレイ	できるだけ正確かつ迅速に守備ブロックの中にボールを侵入させるか、通過させる（最終ラインの背後を取る）。侵入するパスにより、ディフェンダーを越え、無効化させる。	チームがボールを失ったら、ゴールを守るためにディレイが重要な優先事項となる。これにより、守備ブロックを形成する時間を確保でき、ボールとゴールの間にディフェンスを集中させることができる。
幅／集中	ゴールからディフェンダーを引き離す、あるいは守備ブロックを壊すために、個人、あるいはチームとしてスペースを見つける、作る、利用する。	ゴールを守るためにディフェンスを集中させ、時間とスペースを奪う。
深さ／サポート	奥行きのあるオフェンスは、あらゆる角度からのパスの機会を提供し、その結果、あらゆる角度からのサポートが可能となる。ボール保持者がプレッシャーを受け、シュートや前進ができない場合でも、ボールを保持するチャンスが高まる。	パスコースとなるギャップを閉じる。深さとは、侵入を制限するためにディフェンスに厚みを持たせることである。ディフェンダーはお互いをカバーし合うが、それぞれが担当するスペースもカバーし合う。
機動性／即興性（または創造性）vs. バランス・コントロール・制限	構造化された守備ブロックを不安定化するため、攻撃側のポジションを素早くチェンジする。これにより、ディフェンダーを守備位置から引き離す。オフェンスは、ディフェンスを不安定にするために駆け引き、相手の裏をかくなどをして、適応的で予測不可能である必要がある。	ディフェンダーは、ボールを奪われた際、相手攻撃選手に空いたスペースやギャップを突かれないように、忍耐と規律を持って対応する必要がある。

出典：Wade, A. (1982). The FA guide to training and coaching. Heinemann.

るのでしょうか。

その問いの答えを見つけ出すために、まずは世界的に認知されるに至った「ゲームモデル」について考えましょう。ゲームモデルとは、攻撃、守備、ポジティブトランジション（守備↓攻撃の切り替え）、ネガティブトランジション（攻撃↓守備の切り替え）の各サブフェーズにおいて、プレイヤーの機能性を高めるためにコーチが考え出すアイディアです。包括的で計画的な戦術的／戦略的アプローチを採用し、それに基づくプレーの原則を示します（Garganta、

1997)[5]（Guilherme、2004）[6]。要するに、チーム全体の戦術を定め、その戦術を遂行していくためのグループの、あるいは各選手のプレーの原則を明らかにしたものです（ゲームモデルの例は表3-1を参照）。

エコロジカル・アプローチの考え方では、ゲームモデルは制約の一種です。達成可能なチームコーディネーションのパターンや、各選手のソリューションを制約しています。いくらか概念的な捉え方をすると、チームの構成要素である各選手の相互作用のあり方に境界線を設け、方向づけ、相互作用の中から機能的な協調関係が生まれるように仕向けています。

人がスキルを学習する際、制約が果たしている役割を、第1章で解説しました。その重要なエッセンスは、こうです。人は身体の関節の動かし方や、四肢の動かし方を教わらなくても、進路に障害物を設ければ、自然にそれをよけて歩きます。つまり障害物という制約さえ設ければ、具体的なソリューションを教える必要はありません。

同じ考え方がチームコーディネーションにも当てはまります。制約さえ設けておけば、ソリューションを授ける必要はありません。各選手の立ち位置であったり、サポートやカバーリングの位置関係であったり、どのように協力するかであったりを、コーチがいちいち指図する必要はないということです。チーム戦術に関わる制約さえ設けておけば、自然に機能する協調関係が生まれてくるということです。

具体例を挙げましょう。ディフェンダーにカバーリングの動きが求められる局面です。エコロジカル・アプローチの考え方では、コーチは四人のディフェンダーにそれぞれの立ち位置を指定する必要はありません。その代わり、二つの制約を与えます。

① 隣の選手をカバーリングできるように備えておく。
② 自分がマークしている相手にボールが入った場合は、
　ファーストディフェンダーとして対応できるように備えておく。

二つのこの制約を設けておけば、それぞれのディフェンダーが隣のディフェンダーと共適応して、局所から守備ラインや守備ブロックを形成していけます。味方の選手、相手の選手のポジショニングが変化しても、柔軟に対応できるでしょう。なぜなら具体的なポジショニングは規定せず、二つの重要な制約を設けているだけだからです。サッカーチームの守備ブロックのような複雑に見えるシステムも、このようなシンプルな制約によって自己組織化できるということです。

制約とは、具体的なソリューションではありません。プレイヤーが自らソリューションを探索し、発見するために設ける大枠です。フレームとも言えます。

以上の話を前提として、ゲームモデルやプレーの原則をある種の制約と見なすと、次のような方向性が浮かび上がります。ゲームモデルやプレーの原則は、「硬直した、柔軟性に欠けるものであってはならない」(Garganta、1997)[5](Guilherme、2004)[6]。むしろ「特定のプレーの原則に導かれていても、プレイヤーは多種多様なパフォーマンスのソリューションを自由に探索できるようにすべきである」(Guilherme、2004)[6]。

ゲームモデルを制約として、チームコーディネーションを自己組織化させていく場合には、いくつか大事なポイントがあります。

ポイント① グローカル（双方向型のチーム作り）

環境に適応できるチームコーディネーションを機能させるための最初のポイントは、制約を設け、自己組織化の性質を活用することです。エコロジカル・アプローチではこのポイントを、グローカルと表現しています。グローバルとローカルを合わせた言葉です。チームコーディネーションの文脈では、チーム全体がグローバルで、二〜三人のグループがローカルです。

グローバル（チーム全体）が共有するゲームモデルを制約として定めると、それを達成するために二〜三人のグループが共適応し、ローカルなプレーパターンを作り出します。ローカルなプレーパターンからより大きなユニットのプレーパターンが形成され、やがてグローバルなチームコーディネーションが形成されます。

第1章でワーキングユニットの自己組織化を解説しました。お盆を水平に保ったまま運ぶという制約を設けると、肩、肘、手首が協調する一つのユニットとなります。お盆を運んでいる間、腕は胴体と協調して、上半身というより大きなユニットを形成し、最終的には全身が協調する一つのユニットとなっています。グローカルも同様の現象です。グローバルに制約を与えると、ローカルから協調関係が生まれてくるので、それを活用するべきです。

想像してみてください。サッカーのミドルサードでボールを保持しながら、攻撃のチャンスを作ろうとしています。あらかじめ、例えば「ディフェンスラインの背後を取る」という制約を設定しておきます。この制約こそ、ゲームモデルです。

ゲームモデルという制約を達成するために、ピッチ上の選手たちはディフェンスラインの背後を取るためのローカルな協調関係を模索しはじめます。あらかじめ、各選手のポジショニング、プレー内容、ボールの動かし方を規定しておく必要はありません。

制約という課題をクリアするために、自ら探索し、発見した個人スキルはバリエーションが豊富で、しかもその人の個性に適合しているためスキルの質が高いという利点もあります。こうしたメリットは選手間の協調関係にも当てはまります。パスの出し手と受け手がどちらもスルーパスに習熟していたら、スルーパスで背後を取るかもしれません。コンビネーションの形を持っていたら、それを使ってディフェンスラインの背後に侵入するソリューションを発見するかもしれません。サイドの選手がドリブルに優れていたら、近くの選手は意図的に近づかず、1対1を仕掛けるスペースを作ろうと、協調しはじめるかもしれません。

これまではゲームモデルと言えば、指導者が一方的に押し付ける単方向のアプローチというイメージが強かったのではないでしょうか。エコロジカル・アプローチにとってのゲームモデルは、ソリューションを完全には規定せず、自己組織化の余白を残しているものです。ゲームモデルを双方向で運用し、ローカルから生まれてくる機能的で多様なソリューションを活用していきます。

ポイント② 適切な制約レベル

ゲームモデルを制約として、チームコーディネーションを自己組織化させていくときの二つ目のポイントは、適切な強さの制約を設けることです。制約となるゲームモデルが、「ゴールを守り、得点する」というように漠然としすぎていると、自由度が高すぎて、対人のコーディネーションが生まれにくくなります。明らかな制約不足です。

この場合、制約を強める必要はありますが、過剰制約にならないように気をつけなければなりません。例えばフォーメーションを硬直的に規定する。ポジションごとのタスクを完全に規定する。サポート関係などのソリューションを完全に規定する。いずれも過剰制約です。ゲームモデルが過剰制約になっていると、自己組織化の余白がなくなり、制約が適切なレベルであれば学習できるはずの豊富な協調関係を奪います。

適度な制約を設けるのが望ましいわけですが、それが難しいのはソリューションとも制約とも取れるゲームモデルに関わる要因が少なからずあるからです。例えば、フォーメーションを定めたゲームモデルは、ソリューションなのか、制約なのか、という悩みが出てきます。

結論から言えば、フォーメーションにはソリューションとしての側面も、制約としての側面もあります。具体例を挙げましょう。スペインのジュニア年代で、いわゆる〝お団子サッカー〟を解消するために、フォーメーションをどう活用しているかです。

子供たちが一箇所に集結してしまわぬように、攻撃時のフォーメーションを規定するのは、ソリューションと言えます。立ち位置をかなり厳密に規定し、味方の選手に近づかないようにするのが目的です。

その一方で、この場合のフォーメーションには、制約としての側面もあります。選手間に距離ができれば、パスの出し手はそれをしっかり届けなければならず、受け手はボールをしっかりコントロールしなければなりません。フォーメーションという制約の効果で、ロストを避けるためにボールを保持するようになったり、選手間の距離を活かすためにタッチ数を減らすようになったり、より意図的なプレーが増えたりするかもしれません。具体的なソリューション

図3-2　ゲームモデル見極めのためのスケール

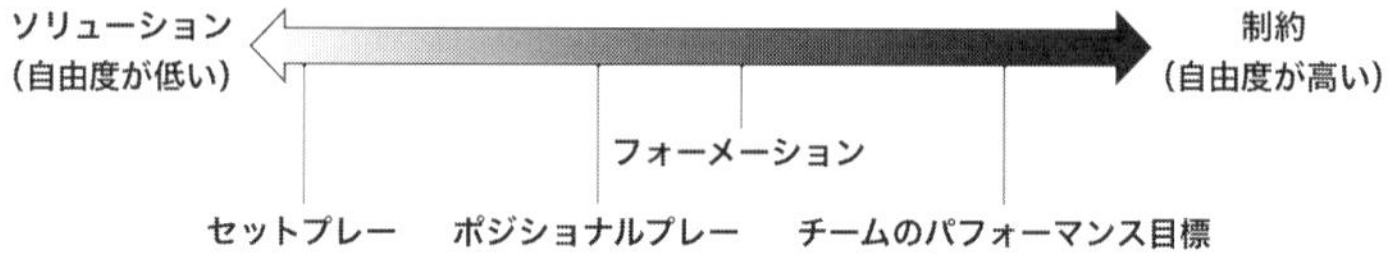

を規定せずに、現れるプレーをある程度誘導できていれば、フォーメーションは制約として機能しています。

ゲームモデルやそれに関わる決まり事が、どの程度ソリューション寄りなのか、制約寄りなのか、同じように大人のサッカーやプロサッカーでも検討する必要があります。

図3-2で示したように、ゲームモデルにはソリューション寄りのものから、制約寄りのものまでいろいろあります。どちら寄りかを見極める指標は、チームコーディネーションの自由度の高さです。

例えば「守備時はゴールを守るためにディフェンスを集中させて、時間とスペースを奪う」（Wade, 1982）[7]というゲームモデルは、自由度が最も高いです。このパフォーマンス目標を達成さえできれば、どのようなフォーメーションを採用しても、選手同士がどのように協調しても構いません。

4-3-3や3-5-2などのフォーメーションを監督が定めると、そこから選手同士がどのように協調するか、ある程度は方向づけられます。自由度はより低くなります。

フォーメーションに加えて、相手をどのように崩すか、そのためにボールをどのように動かすかという決まり事まで定めた場合のポジショナルプレーは、自由度がさらに低いソリューションヨン寄りに位置します。厳密にデザインされたセットプレーは自由度が最も低く、完全にソリューション側です。

以上の評価が正しいかどうかはさて置き、指導者はチームに提示するゲームモデルがどの程度の自由を許容しているか、意識しておくべきです。図3－2のスケールは、曖昧に使われがちな「ゲームモデル」「原理原則」「コンセプト」「共通理解」の中身を精査する軸として活用できます。

あくまで一般的な傾向ですが、熟練したプレイヤーの集団であれば、パフォーマンス目標に近いゲームモデルを設けるだけで機能的な協調関係を自己組織化できます。これに対して育成年代や競技レベルの低い集団では、ソリューションに近いゲームモデルを一旦設ける必要があります。個人のスキル習得に学習ステージがあるように、チームコーディネーションも「組み立てのステージ」から「適応のステージ」へと進んでいくと考えられます。

試合までのトレーニング期間も、制約の度合いを決めるヒントとなります。本番まで数ヶ月あれば、自由度の高いゲームモデルで自己組織化を待つのが望ましいです。しかし、毎週末に公式戦が続くスケジュールであれば、自由度の高いゲームモデルで探索させている時間がなく、機能的なチームコーディネーションが自己組織化される前に試合を迎えてしまいかねません。そのような場合には、より短期間でチームコーディネーションを構築できるように、一旦スケールの左側に寄せたゲームモデルを掲げるのが有効です。

ただし、最終的な目標は、より多様なチームコーディネーションを学習して、流動的な試合環境への適応力を高めておくことです。そこで、ある週はボールを保持するゲームモデル、翌週は守備を固めてカウンターを狙うゲームモデルを制約とするなどして、異なる対戦相手と戦えるスケジュールを活かしながら、継続的に制約操作を行うことが重要です。

ポイント③ モデルからプロセスへ

個人の学習者がスキルを習得していくときは、指導者による制約の操作が重要でした。制約を操作して、あらゆる状況にスキルを適応できるプレイヤーに育てるのが目的です。

チームコーディネーションも同様です。様々なゲームモデルでプレーして、多様なチームコーディネーションのパターンを学習しておけるかが、環境の変化に柔軟に適応できるチームパフォーマンスを習得するための鍵を握っています。

特に育成年代のチームは、適応力の養成に主眼を置くべきです。様々なゲームモデルを学習し、相手チームがどのようなタイプであっても、全く未知の状況に遭遇しても、機能するチームコーディネーションを導き出せる適応力を養成していきます。

第2章で紹介したスモールサイドゲームの実験は、チームコーディネーションの学習効果も調べています（Santosら、2018）[8]。良い学習結果を示したのは、学習者が他の選手との協調関係を探索する自己組織化グループでした。コーチは制約を繰り返し操作して、コートのサイズに加えて形状を三角形、円形、ダイヤモンド形に変え、人数比率も数的優位、劣位、同位というように変えています。これとは対照的に、コーチが制約をそれほど操作せず、規定的な指導を行ったグループの学習効果は低いものでした。

規定的な指導を受けたグループは、コーチが好む特定のチームコーディネーションだけを学習し、自己組織化グループはその時々の制約に適応する、機能的なチームコーディネーションを自分たちで導き出せるように学習していたところに違いがあります。通常のコートではなく、例えば円形のコートで、しかも数的劣位でプレーするという制約を与えられたら、どのような立ち位置を取るべきか、どのようにサポートして、カバーリングするべきか、通常のゲーム以上に考えざるをえないでしょう。

第1章のお盆を水平に保って運ぶというタスクに当てはめると、規定的なグループは特定の関節角度でお盆を持つ動作しか学びません。自己組織化グループは、関節を共変動させることを学習しているので、あらゆる障害物を避けられます。

以上の話を踏まえて考えると、ゲームモデルという制約をできるだけ操作して、チームコーディネーションの可能性を広げておく必要がありそうです。具体的には、ボールを保持するサッカー、ダイレクトにゴールへ向かうサッカー、その中でもロングカウンターを多用するサッカー、ショートカウンターを多用するサッカーなど、様々なパフォーマンス目標を達成するためにチームメイトと協調する経験をしておくことです。あるいは4－4－2、4－2－3－1、3－5－2など、様々なフォーメーションを経験しておくことです。

そうは言っても、すべてのチームコーディネーションを一気に学べるわけではないので、制約操作によって選択と集中と移行を繰り返します。数週間は一つのゲームモデルを学習し、次の数週間は別のゲームモデルを学習するというように、無理のない効率的な学習が求められます。

ゲームモデルの自由度の高さで制約寄りか、ソリューション寄りかを評価するスケール（図3－2）で測るならば、左側から徐々に右側に移行していくような制約操作を目指します。対戦相手、試合環境、試合展開などに応じてチームコーディネーションを豊かに変化させられるように、自由度のより高いゲームモデルへと移行していきます。

ちなみに「ゲームモデルは選手の自由を奪うものなのか」という議論があります。ゲーム

図3–3　ゲームモデルの操作のイメージ

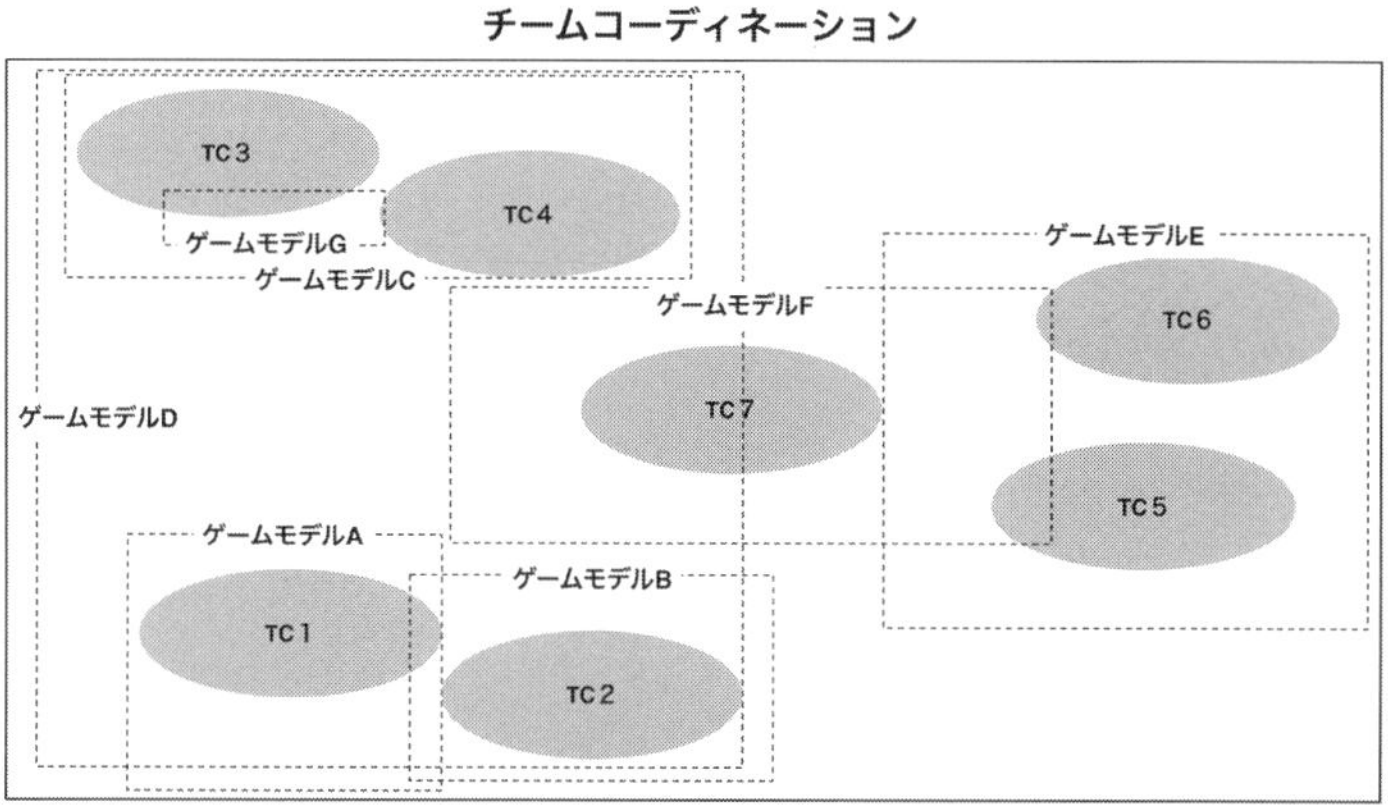

※TC＝チームコーディネーション。

モデルは制約の一種で、基本的に制約は自由度を縮減する境界線としての効果を持っているので、その意味では答えはイエスです。制約を全く操作せずに、一つのゲームモデルだけを学習させつづければ、学習者から対人協調学習の機会を奪っていると言えます。図3–3の制約Gのような過度に規定的なゲームモデルも、同じです。

ただし、適切な制約を設けることで自由度を縮減し、効率的に対人協調パターンを学習しているのであれば、そして制約の操作によって多様なパターンを学習していくのであれば、将来の達成可能な自由度を増やしていることにもなります。個人の運動学習と同様に、チームの戦術学習でもこうした制約操作がポイントになるわけです。

話をグローカルに戻すと、グローカル（＝双方向）なチームビルディングとは、ゲームモデルを修正しつづけながらチームを作っていくことを意味しています。なぜならば、あるゲームモデルを定めた段階では、ローカル（二〜三人のグループ）からどのような協調関係が生まれてくるかの予測が困難だからです。

攻撃のフェーズで「ウイングが大きくサイドに開き、幅広いボールの循環を使って、敵陣に侵入する」というゲームモデルを定めたとしましょう。そのゲームモデルに基づき、あれこれチームコーディネーションを試してみた結果、実はサイドバックが幅を取り、ウイングは中へ絞るような配置のほうがより機能的だと発見したとします。この発見こそ、ローカルから生まれてきた機能的な関係です。その関係を活用し、最初のゲームモデルを修正したり、より柔軟なもの（スケールの右側）へと書き換えたりするのが、双方向的な、つまりグローカルなゲームモデルの運用です。例えば、当初の「ウイングが大きくサイドに開き」の部分を「誰か一人が幅を作り」などと書き換えます。

重要なのは、ゲームモデルの制約操作を通じて、大きく異なる複数のチームコーディネーションを学習しておくことです。さらに、一度定めたゲームモデルのローカルから生まれてきた協調パターンを活用し、微細な修正を加え、双方向的にゲームモデルを運用しつづけていくことです。ゲームモデルは一度定めたら終わりではありません。操作して修正しつづけるプロセスだと捉え直す必要があります。

ポイント④ 言語化より環境化

最後に改めて強調しておきます。ゲームモデルを運用するときは、言語的な指導に偏りすぎないようにしてください。プレーの原則や副原則などを言葉によって共有するゲームモデルの指導は、どうしても言語的な指導に偏る傾向が強くなりがちです。しかし、エコロジカル・アプローチの実証的な研究が、人は言葉で伝えられた情報以上に、環境から知覚する情報に基づいて運動し、チームメイトと協調しているのだと示しています。以下はそうした研究の一部です。

・バスケットボールにおけるオフェンスとディフェンスの1対1のパターンは、コーチの言語的な指示とは無関係に、試合中に存在する身長差などの環境情報に制約されている（Cordovilら、2009）[9]。

・ボールゲームにおける守備の原則（マンツーマンかゾーンディフェンスか）は、局所的な数的優位がオフェンス側に生まれやすいかどうかによって支配されている（Davidsら、2014）[10]。例えば、フットサルのゴールキーパーを含めたビルドアップでは5対4とオフェンス側の数的優位な状況が生まれやすいため、守備はゾーンディフェンスへと自己組織化されやすくなる。バスケットボールのような数的同位の状況が多い競技では、マンツーマンディフェンスが自己組織化される傾向が強まる。

こうした研究が示している通り、試合中にどのようなプレーを選択するかという意思決定や、選手間の協調パターンは言語的な情報ではなく、プレーしているエリア、味方の位置、相手の位置やギャップ、相手選手との速度差、フィールド上のライン、ゴールまでの位置などの環境情報を判断材料として自発的に形成されています。エコロジカル・アプローチの研究者は次のように助言しています。言語的な指導はコーチングの中心に据えられるべきではなく、「学習者が練習環境を探索する、重要な情報を発見する際のガイドとなるように使用されるべきである」(Otteら、2020)[11]。

条件分岐を用いて対人協調のパターンを学習させる場合も、同様に言語的指導に偏りすぎないように注意してください。条件分岐とはメンタルモデルやスキーマとも呼ばれ、例えば、この場面でサポートの関係は3パターンある、状況がこうならパターン1が、こうならパターン2が、こうならパターン3がベターだ、などと口頭で伝えます。

条件分岐がコーチの頭の中で整理されているのは素晴らしいことですが、学習者にそのまま教えても、激しく動きながら競い合う試合環境で瞬時の意思決定に使えるわけではありません（Silvaら、2013）[12]。

仮に条件分岐を用いた言語的な指導を行ったとしても、最終的には環境から知覚される情報と、条件分岐のパターンを結合させるプロセスが必要になります。

学習者が実際に自分自身で環境情報を知覚するから、プレーの可能性がアフォードされる（与えられる）ということです。不可欠なのは、条件分岐を指導する長時間のミーティングではありません。選手が条件分岐を自分の口で説明できることでもありません。

言語化に関する研究では、以下の指摘が寄せられています。

・チームメイトとのサポートやカバーなどの協調も、プレイヤーは実行できるものの一部しか言語化できない。たとえ理路整然とした言語化ができていても実行できない協調は多々あり、逆に言語化できていなくても実行できる協調も多々ある（Araújoら、2010）[13]。

・動的で競争的で不確実な試合中の条件分岐に、言語で構築された条件分岐プログラム（「この状況では、このようにプレーする」の集まり）を参照して対応するなど現実的ではない。実際にはこのような判断過程をスキップして、環境からより直接的にプレーの可能性

（アフォーダンス）を知覚している（Araujoら、2009）[14]。

・そもそも、プレイヤーは実行できる運動の一部しか言語化できず、たとえ言語化できなくても実行できる運動が多々ある。（Oudejansら、1996）[15]（Mannら、2010）[16]。

もしも学習させたい条件分岐やゲームモデルがあるならば、必要な情報がふんだんに盛り込まれているスモールサイドゲームなどの練習環境を設計して、学習者が実際にプレーしながら機能的なチームコーディネーションを発見するプロセスを中心とするべきです。

固有のチーム制約を活かす

個人スキルの「ターゲット・ムーブメント批判」の項で解説した通り（55頁以降の記述を参照）、機能的なプレーは学習者とコンテキスト（環境）に依存しています。手の大きさや筋力といった個人制約が、シュートを片手で打てるか、両手で打てるかといった身体のコーディネーションを左右しています。

学習者依存とコンテキスト依存はチームコーディネーションでも同様です。チームに所属している選手が入れ替われば、選手間の機能的な協調パターンは変わるはずです（学習者依存）。対戦相手やグラウンドの性質が変われば、協調パターンも変わるはずです（コンテキスト依存）。

所属選手が入れ替わったのに、同じゲームモデルを採用しつづければ、個々の選手が持つ固有の制約（＝固有のタレント）を活かせていない恐れがあります。

エリートチームの戦い方を理想的なゲームモデルとして掲げて、育成年代に転用する例も散見されます。しかし、そうした転用が、本当にローカル（二～三人のグループ）から機能的な共適応を引き出せているか、あるいは選手の育成につながっているか、検討する余地があります。マンチェスター・シティのサッカーが機能的なのは、止める・蹴るといった選手の能力（＝制約）が一定のレベルを超えているからです。まだその水準に達していない選手の育成につながるか、わかりません。

今一度、念頭に置くべきです。アスリート個人も、スポーツチームも複雑系のシステムです。多くの構成要素で成り立っているので自由度は高く、協調パターンの形成は学習者本人に依存していますし、環境にも依存しています。

ゲームモデルの制約操作にも「繰り返しのない繰り返し」を

ゲームモデルを制約として用いて、その制約を操作することで、様々なチームコーディネーションを学習する。これがエコロジカル・アプローチのプリンシプルです。この基準に照らしてみると、いわゆる一貫指導にも疑問符がつきます。

ジュニア年代から、ジュニアユース年代、ユース年代まで、同じシステム、同じプレー原則、同じコンセプトでプレーさせて、ある特定のゲームモデルに習熟させるのが一貫指導なのだとすると、学習者の子供たちははたしてサッカーが上手くなっているのでしょうか。

個人スキルの学習では、制約を操作して「繰り返しのない繰り返し」ができるような環境を作れるかが重要です。だとすれば、集団スキルにも、制約操作による「繰り返しのない繰り返し」が重要なのではないでしょうか。あるときは4－1－2－3でプレーして、別のあるときは4－4－2でプレーする。あるときはボールを保持するサッカーをプレーして、別のあるときはカウンターサッカーをプレーする。あるときは積極的にボールを奪いに行き、あるときは保守的に守備をする。異なるゲームモデルを運用し、様々なチームコーディションを経験させて、将来どのような相手との対戦でも、どのようなチームに所属していても、機能的なプレーができる、選手間の協調関係を構築できる、適応的で知的なアスリートを育成すべきではないでしょうか。

確かに指導方法が属人的で、コーチが変わるたびに指導方法も変わるような育成指導には問題があります。ある程度の一貫性や、統一感のあるクラブのアイデンティティは必要です。しかし、たとえそうだとしても、必要なのはプレーシステムやゲームモデルを全カテゴリーで一貫させることではありません。コーチングメソッドやその背景理論をスタッフ全員で共有しておくことです。

エコロジカル・アプローチの考え方では、「スポーツ組織は、コーチングに関するメソッド部門を組織する必要がある」（Buttonら、2020）[17]とされています。メソッド部門とは、どのような運動学習理論を採用し、どのような理論的枠組みに基づいて、指導、評価、計画を行うかを定める機関です。コーチ間でその理論的な枠組みを共有し、新人コーチを教育し、実際に指導に当たるコーチをサポートして、育成理論・哲学を一貫させます。以上の話をまとめると、エコロジカル・アプローチが主張しているのはいわば「一貫なき一貫指導」です。一貫した育成理論の下で、一貫していない多様な運動、多様な戦術を経験させる育成機関が必要だということです。

第3章のまとめ

コーチやアスリートは、自由度の極めて高い複雑系のシステムであるスポーツチームで、一定の協調パターンを作り出さなければいけないという問題を抱えています。

しかし、共適応による自己組織化の方法に習熟していれば、自由度の高さは「問題ではなく課題」（Chowら、2022）[18]でしかありません。自由度の高さをむしろ積極的に活用し、柔軟で適応的なアスリートやスポーツチームを育成していくことが可能です。

コーチは、ゲームモデルを制約とするチームコーディネーションの自由度を調整する必要があります。グローバル（チーム全体）に制約を設け、ローカル（二～三人のグループ）から生まれてくる対人コーディネーションを活用する。制約を修正・操作しつづけて、豊富なチームコーディネーションを効率的に学び、どのような対戦相手、試合環境にも対応できる選手やチームを育成する。そうした「適応的ゲームモデル」の運用を目指すべきです。

【第３章の参考文献】

1 Bourbousson, J., Sève, C. and McGarry, T. (2010) Space-time coordination patterns in basketball: Part 1 Intra- and inter-couplings amongst player dyads. Journal of Sport Sciences, 28 (3): 339– 47.

2 Bourbousson, J., Sève, C. and McGarry, T. (2010) Space-time coordination patterns in basketball: Part2 Investigating the interaction between the two teams. Journal of Sport Sciences, 28 (3) : 349–58.

3 Ferrario, V. F., Sforza, C., Dugnani, S., Michielon, G., and Mauro, F. (1999). Morphological variation analysis of the repeatability of soccer offensive schemes. Journal of sports sciences, 17(2), 89-95.

4 Ribeiro, J., Davids, K., Araújo, D., Guilherme, J., Silva, P., and Garganta, J. (2019). Exploiting bi-directional self-organizing tendencies in team sports: the role of the game model and tactical principles of play. Frontiers in Psychology, 10, 2213.

5 Garganta, J. (1997). Modelação tática do jogo de futebol. Estudo da organização da fase ofensiva em equipas de alto rendimento. doctoral dissertation, Faculdade de Ciências do Desporto e Educação Física, Porto.

6 Guilherme, J. (2004). Conhecimento específico em futebol. Contributos para a definição de uma matriz dinâmica do processo de ensino-aprendizagem/treino do jogo. master' s thesis, Faculdade de Ciências do Desporto e Educação Física da Universidade do Porto, Porto.

7 Wade, A. (1982). The FA guide to training and coaching. Heinemann.

8 Santos, S., Coutinho, D., Gonçalves, B., Schöllhorn, W., Sampaio, J., and Leite, N. (2018). Differential learning as a key training approach to improve creative and tactical behavior in soccer. Research quarterly for exercise and sport, 89(1), 11-24.

9 Cordovil, R., Araújo, D., Davids, K., Gouveia, L., Barreiros, J., Fernandes, O. and Serpa, S. (2009) The influence of instructions and body-scaling as constraints on decisionmaking processes in team sports. European Journal of Sport Science, 9 (3) : 169–79.

10 Davids, K., Hristovski, R., Araújo, D., Serre, N. B., Button, C., and Passos, P. (Eds.). (2014). Complex systems in sport, Chapter6. London: Routledge.

11 Otte, F. W., Davids, K., Millar, S. K., and Klatt, S. (2020). When and how to provide feedback and instructions to athletes?—How sport psychology and pedagogy insights can improve coaching interventions to enhance self-regulation in training. Frontiers in Psychology, 11, 1444.

12 Silva, P., Garganta, J., Araújo, D., Davids, K., and Aguiar, P. (2013). Shared knowledge or shared affordances? Insights from an ecological dynamics approach to team coordination in sports. Sports medicine, 43(9), 765-772.

13 Araújo, D., Travassos, B., and Vilar, L. (2010). Tactical skills are not verbal skills: a comment on Kannekens and colleagues. Perceptual and motor skills, 110(3_suppl), 1086-1088.

14 Araujo, D., Davids, K., Cordovil, R., Ribeiro, J., and Fernandes, O. (2009). How does knowledge constrain sport performance? An ecological perspective. Perspectives on cognition and action in sport, 100-120.

15 Oudejans, R. R., Michaels, C. F., Bakker, F. C., and Dolne, M. A. (1996). The relevance of action in perceiving affordances: perception of catchableness of fly balls. Journal of Experimental Psychology: Human Perception and Performance, 22(4), 879.

16 Mann, D. L., Abernethy, B., and Farrow, D. (2010). Action specificity increases anticipatory performance and the expert advantage in natural interceptive tasks. Acta psychologica, 135(1), 17-23.

17 Button, C., Seifert, L., Chow, J. Y., Davids, K., and Araujo, D. (2020). Dynamics of skill acquisition: An ecological dynamics approach. Human Kinetics Publishers. Chapter 9.

18 Chow, J. Y., Davids, K., Button, C., and Renshaw, I. (2022). Nonlinear pedagogy in skill acquisition: An introduction. Routledge. Chapter 2.

第4章

ストリートサッカーは自然な制約主導アプローチである

第3章までは、比較的ミクロな時間スケールでエコロジカル・アプローチの学習環境をいかにデザインするか、解説してきました。2時間の練習で、週に三度の練習で、数週間のトレーニングで、といった時間の幅です。第4章はよりマクロな時間スケールで、アスリートの能力をいかに開発していくべきかというテーマに焦点を合わせます。数ヶ月、1年、数年、数十年といったスパンです。

制約には、個人制約、タスク制約、環境制約の三つがあります（114頁以降の記述を参照）。ここまであまり触れてこなかった環境制約が、マクロな時間スケールの中で運動学習やスキル習得にどれだけ大きな影響力を及ぼすかについても解説していきます。その上で、現代の日本の環境制約を考慮に入れながら、どのようなタレント開発の進め方が望ましいかといった展望にも話を広げます。

早期専門化の弊害

早期専門化という概念があります。成長期の段階から競技を一つに絞り込み、専門的なスポーツ組織で激しい練習を重ねる、そのようなアスリート発達の経路を指しています（Buttonら、2020：a）[1]。他のスポーツやアクティビティへの参加は少ないか、全く経験していません。

従来の考え方では、トップアスリートになるためには、特定のスポーツにいち早く特化する、この早期専門化が望ましいと考えられてきました。この考え方を後押ししたのは、トップアスリートや一流の楽器演奏者が専門スキルの獲得にかけた時間に関する研究で、10年以上に渡る1万時間以上の専門的な練習が必要だと結論づけた「1万時間の法則」という仮説（Gladwell、2008）[2]が有名です。

早期専門化を推奨する考え方は、サッカー界のエリート選手育成プランにも多大な影響を及ぼしました。例えば2011年にイングランドのプレミアリーグによって策定されたエリート育成プラン（エリート・プレイヤー・パフォーマンス・プラン）は、育成年代の1万時間のトレーニングを達成するために、各年齢カテゴリーで週何時間の練習時間を確保すべきという指標を打ち出しています（www.goalreports.com/EPLPlan.pdf）[3]。

しかし現在、「1万時間の法則」は批判を受けています。多くの反証的な研究結果が出ているからです。

チェスのプレイヤーを対象としたある研究は、マスターレベルに到達するまでの時間にかなり幅があると報告しています（Gobet&Campitelli、2007）[4]。その研究によると、728時間でマスターレベルに到達したプレイヤーがいれば、1万6120時間かかったプレイヤーもいるそうです。

チェスのプレイヤーがマスターレベルに到達するまでの時間の大きなバラツキは、他の研究でも3016時間～2万3608時間（Simon&Chase、1973）[5]、3200時間～2万3000時間（Tucker&Collins、2012）[6]だったと報告されています。このようなバラツキの大きさから、平均データだけに着目して結論を出すのは不適切だと主張する趣旨の研究が多くあります。

別の角度から早期専門化に疑問を投げかける研究もあります。スポーツのエキスパートを対象としたある研究は、専門的な練習の効果は18％に過ぎず、残りの82％は遺伝的特性や環境といったあらゆる他の要因の影響だと報告しています（Macnamaraら、2014）[7]。

長時間の練習の弊害を指摘する研究もあります。8歳の子供が1万時間の練習時間に到達するには、週に20時間の練習を10年ほど続けなければならない可能性があり、実際に燃え尽き症候群、ドロップアウト、オーバーユース、楽しみや達成感の低下などの弊害が報告されています（Bakerら、2009）[8]。

こうした研究結果から言えるのは、1万時間の練習をトップアスリートになるための法則とする根拠には乏しいということです。早期専門化への疑問も否めません。

早期多様化：アスレチック・スキルズ・モデルのマルチスポーツ

早期専門化とは逆の、早期多様化という概念があります。幼少期は様々なスポーツやアクティビティを経験し、思春期頃から特定の競技に特化していくアスリート発達の経路です。早期専門化と異なるのは、専門的な指導を受けながら、並行して、楽しみ・健康・発達を目的としたスポーツプログラムに参加したり、公園などでの自発的な遊びを経験したりという多様性です。

早期専門化と早期多様化のどちらが、より適切な育成方針なのでしょうか。現在は早期多様化を支持する多くの証拠が存在しています（Davidsら、2015／Wormhoudtら、2017：aなど）[9,10]。

早期多様化を経て大成しているのがＮＢＡのスーパースター、ステフィン・カリーです。若い頃はバスケットボールを専門としておらず、野球、アメリカンフットボール、サッカーをプレーしてから、最終的にバスケットボールに競技を特化したそうです（Chowら、2022）[11]。

早期多様化に関する有名な研究領域が、アスレチック・スキルズ・モデル（ＡＳＭ）です。オランダ人のレネ・ウォームハウトが１９９５年に提唱したタレント開発モデルで、エコロジカル・アプローチと同様に科学的根拠に基づいて早期多様化を推奨しています。より長くスポーツを続けるためにも、最終的に競技を絞り込んだ後にそのパフォーマンスを高めるためにも、発達期に複数のスポーツに参加するマルチスポーツが有益だと主張しています。将来、専門的に取り組むターゲットスポーツとは一見無関係そうな競技を含めて、多角的に運動能力、知覚能力、認知能力を養っておくことで、豊かな土台を形成できるとする主張です。

ウォームハウトは自身の著書（Wormhoudtら、2017：b）[10]の中で、アメリカ・オリンピック委員会が実施した大規模な調査（Hillら、2002）[12]に言及し、早期多様化の有効性を示唆する実証的なデータとしています。調査対象となったのは、1984年から1998年までの間に夏季オリンピックと冬季オリンピックに参加したアメリカ代表の816人で、発達期にどのスポーツに参加していたか調べました。816人の34・6％に相当する283人がオリンピックのメダリストです。

明らかになったのは、816人全員が幼少期や青年期に活発にスポーツに参加しており、平均すると14歳までは2・6〜3・5、15〜18歳の期間は2・6〜2・8、19〜22歳の期間は1・6のスポーツ競技に参加していたことでした。将来オリンピアンとなる専門競技の開始年齢は、男子が平均12歳、女子は11・5歳でした。早期多様化の――発達段階の初期には様々なスポーツに参加し、その過程でターゲットスポーツと出会い、年齢が上がるにつれて特化していくべきという――考え方を支持する調査結果が出たのです。

この調査結果を受けて、アメリカ・オリンピック委員会はこう結論づけています。「競技力向上の初期段階において多面展開（様々なスポーツへの参加）の利点を促進するコーチングプログラムを作成する必要がある」。

ウォームハウトは書籍の中で、マルチスポーツを経験していた多くのエリートアスリートを紹介しています。**表4-1**はその一部です。

ウォームハウトの書籍に登場する多くのエリートアスリートが、マルチスポーツを通じてあ

表4-1　マルチスポーツを経験していたエリートアスリート

選手名	将来のターゲットスポーツ	発達期のマルチスポーツ
ヨハン・クライフ	サッカー	**野球**
マルコ・ファン・バステン	サッカー	**ダイビング、アイスホッケー、テニス**
ルート・ファン・ニステルローイ	サッカー	**テコンドー、テニス**
ズラタン・イブラヒモビッチ	サッカー	**テコンドー**
ギャレス・ベイル	サッカー	**ラグビー**
ティボー・クルトワ	サッカーのゴールキーパー	**ビーチバレー、バスケットボール**
マイケル・ジョーダン	バスケットボール	**野球、アメリカンフットボール**
コービー・ブライアント	バスケットボール	**サッカー**
レブロン・ジェームズ	バスケットボール	**アメリカンフットボール**
ロジャー・フェデラー	テニス	**サッカー、スカッシュ、スキー、卓球**
ノバク・ジョコビッチ	テニス	**スキー**
ウェイン・グレツキー	アイスホッケー	**野球**
ジェローム・シンプソン	アメリカンフットボール	**陸上、バスケットボール**
ウサイン・ボルト	陸上競技短距離走	**サッカー、クリケット**
エレナ・イシンバエワ	棒高跳び	**新体操**

出典：Wormhoudt, R., Savelsbergh, G. J., Teunissen, J. W., and Davids, K. (2017). The athletic skills model: optimizing talent development through movement education. Routledge.

らゆる動作のバリエーションを学習し、後に専門とする競技で役立つ高度な適応能力が得られたと証言しています。同書に掲載されたアスリート本人のコメントを紹介します。

ロジャー・フェデラー（テニス）

「私はいつも上手く身体を動かすことができますが、それは、そのように学んだのではなく、自然にそうなっていたのです。サッカー、スカッシュ、スキー、卓球、テニスなど、若い頃に様々なスポーツをしていたことが、とても役に立ったのだと思います。色々なスポーツをすることで、バランス感覚を養うことができたのです」

ヤリ・リトマネン（サッカー）

「週に数回、サッカーとアイスホッケーの練習をしていて、時には練習が連続することもありました。アイスホッケーのトレーニングの後のサッカーのトレーニングでは、時間と空間という要素を簡単に扱うことができました。（中略）アイスホッケーのおかげで、身体的接触に対する準備ができただけでなく、サッカーで身体的接触を避けるための準備もできました」

マルチスポーツの経験を通して、ユニークなスキルが養われた例もあります。

マルコ・ファン・バステン（サッカー）

「若い頃、私は一時期、プラットフォームダイビングを含むいくつかのスポーツをやっていました。その結果、後方や前方への宙返りができるようになったのです。これは、サッカーのストライカーとして、とても役に立ちました」

第1章で創発と呼ばれる現象を解説しました。システムを構成している要素と要素が作用し合い、個々の要素が独立して存在している間には示さない性質が現れる現象です。おそらくマルチスポーツで養った運動能力が作用し合い、単一のスポーツでは習得できないスキルが創発されることもあるのでしょう。

ファン・バステン特有のアクロバティックなフィニッシュや、空中での高度なバランス感覚を必要とする浮き球の処理は、もしかすると一見無関係に思われるサッカーとダイビングという二つの競技経験の相互作用が可能にしていたのかもしれません。

ウォームハウトは書籍の中でズラタン・イブラヒモビッチの例にも触れています。イブラヒモビッチはテコンドーを経験していたそうですが、もしかするとそのおかげで他のプレイヤーが思いつかないような独自のソリューションをゴール前で発揮できているのかもしれません。

話をアスレチック・スキルズ・モデルに戻しましょう。ＡＳＭはマルチスポーツでオールラウンドに動ける動作基盤を形成してから、専門競技に進んでいくべきだと主張しています。あるスポーツの練習が、別のスポーツに必要な能力を向上させると考えているからです。

早期多様化：エコロジカル・アプローチのドナースポーツ

ＡＳＭと同様にエコロジカル・アプローチも早期多様化を推奨しています。ＡＳＭとの若干の違いは代表性へのこだわりで、いずれ専門とするスポーツと知覚や動作が類似した競技に取り組むほうが、転移が起こりやすいと主張しています（Buttonら、2020：a）[1]。このようにターゲットスポーツと知覚や動作が類似しているスポーツはドナースポーツと呼ばれます。

ストリートサッカー、フットサル、ビーチサッカー、サッカーバレーは、サッカーのドナースポーツと言えます。一方、アーチェリーなどの静的な競技は、サッカーのドナースポーツになる可能性が低いとされています。

個別のスキルが、ドナーとなるケースもあり得ます。例えばバレーボールのオーバーヘッドサーブ、バドミントンのオーバーヘッドクリア、野球のピッチングはいずれもオーバーハンドの動作で、共通のコーディネーションパターンが存在しています。

サッカーのドナースポーツは、フットサルが代表格とされています。プレー中の知覚、動作、周囲の選手との協調がサッカーと類似しているだけでなく、より狭いコートでより小さいボールを使ってプレーするため、ボールコントロールの能力を向上させやすいという利点がありますす(Buttonら、2020:b)[1]。さらには、あらゆるアフォーダンスの視覚探索活動——パスやシュートコースを探す、1対1での攻撃・守備の機会を探す、サポートやカバーリングのスペースを探すなど——が、最大で3倍程度多く促されると報告されています(Oppiciら、2017)[13]。実際に有名なサッカープレイヤーの多くがフットサル経験者という事実からも、ドナーとしての効果が分かります。

エコロジカル・アプローチが、あらゆるターゲットスポーツに活かせる万能性の高いドナースポーツとして推奨しているのはパルクールです(Buttonら、2020:b)[1]。パルクールとは、街中、公園、森、岩場などで障害物を飛び越えたり、壁を駆け上がったりするアクロバティックなアクティビティです(写真4-1)。

競技環境は非常に変化に富んでいます。その分、走る、登る、ジャンプする、着地する、バランスを取る、受け身を取るなど、多様なアフォーダンス(環境から与えられる行為の可能性)を探索し、発見するチャンスも増えます。コーディネーション、タイミングの感覚、バランス感覚、敏捷性、空間認識力、筋力など、多様な運動能力が得られます。

写真4-1　エコロジカル・アプローチが推奨するパルクール

Photo: Getty Images

エコロジカル・アプローチという運動学習理論の根幹にあるのは、スキルは環境とアスリートの間に存在する、環境がなければ運動はできないという考え方です。環境ごとの特性に対して自分の身体で何ができるか、それこそ様々な環境と交渉しているかのようなパルクールは、だからこそ万能性の高いドナースポーツとして推奨されているのです（Straffordら、2018）[14]。

将来特化するターゲットスポーツがまだはっきりしておらず、それゆえドナーたりえるスポーツも分からないという学習者もいるでしょう。その場合も、パルクールは万能性が高いドナースポーツなので有益です。さらにマルチスポーツに参加しておけば、幅広いアクティビティの中から好きなスポーツや得意なスポーツが見つかるかもしれません。あるいは、このあと紹介する自発的な遊びから、発達後期の専門的なスポーツへと移行していくケースも多いようです。

非構造的遊び

「構造的練習」と、「非構造的遊び」という概念があります。構造的練習とは、特定のスポーツのパフォーマンスを向上させるための組織の中で、監督やコーチが選手を指導し、専用の道具を使い、時間を決めて、時には審判もつけて行う練習を指しています。

一方の非構造的遊びとは、コーチや大人が指導するのではなく、自ら活動やゲームを組織する学習者同士の相互作用から生まれる活動と定義されています（Davidsら、2017）[15]。簡単に言えば、ブラジルで盛んに行われているストリートサッカーが、まさしく非構造的遊びの代表例です。非構造的遊びも、ドナースポーツたりえます。

非構造的遊びの価値を高く評価しているのが、エコロジカル・アプローチです。早期専門化の経路をたどらなかった多くのトップアスリートが、非構造的遊びのような活動によって、後に参加するエリートレベルの構造的練習に耐えうる能力的基盤を獲得していると報告しています（Buttonら、2020 : a）[1]。

非構造的遊びの空間では、大人、教師、コーチ、親からの批判的な評価から離れて、創造的で革新的な解決策を探る可能性が高まります（Davidsら、2017）[15]。参加者が自ら継続的にゲームを再設計する必要があるので、活動やゲームをより魅力的なものに、厳しいものに、挑戦する価値のあるものにしていく能力が高まります（Chowら、2022）[11]。自律的に再設計するのは、道具の使い方、目標、スペース、ルール、人数設定などです。

非構造的遊びの設計に個人が深く関わると、そのゲームではどのような動きが有効で、どのような動きが有効ではないかにより敏感になるので、自分自身と環境についての知識が深まるとも言われています（Côtéら、2007）[16]。

実際に非構造的遊びに参加していた子供のほうが、後の構造化された練習に参加する割合が高く、専門的なスキルを長期に渡って発達させていることを明らかにした研究もあります（Cairneyら、2018）[17]。

創造性を備えたプレイヤーと、そうではないプレイヤーのスポーツ参加歴を調べた研究もあります（Memmertら、2010）[18]。バスケットボール、サッカー、フィールドホッケー、ハンドボールなどの様々なチームの監督に、創造性を備えているプレイヤーと、そうではないプレイヤーを三名ずつ選出してもらい、別のコーチたちがその選出の正しさをチェックしています。

創造性の高いプレイヤーのグループと低いプレイヤーのグループを比較して明らかになった

表4−2　**構造的練習、非構造的遊びへの平均参加時間**

	創造的プレイヤー	非創造的プレイヤー
スポーツ参加の年数	17年	16年
スポーツ参加の時間	6.843時間	5.455時間
構造的練習	3.146時間	3.544時間
非構造的遊び	2.857時間	1.954時間
構造的練習（14歳以下）	977時間	888時間
非構造的遊び（14歳以下）	1.341時間	842時間

出典：Memmert, D., Baker, J.and Bertsch, C. (2010). 'Play and practice in the development of sport-specific creativity in team ball sports'. High Ability Studies, 21: 3– 18.

のは、創造性の高いプレイヤーたちがより多くの時間を非構造的な遊びに費やしており、構造的練習への参加時間は創造性の低いプレイヤーよりも短かったということです（表4−2）。特に14歳以下の年代は、創造性の高いプレイヤーが非構造的遊びに費やした時間は創造性の低いプレイヤーの約1・6倍でした。

ストリートサッカーがまさにそうですが、非構造的遊びは高価な道具が不要で、ジムやスパの会員になる必要もありません。タッチラグビー、ストリートバスケットなどの非構造的遊びは、楽しみながらスキルを身につける強力な機会を作ります（Chowら、2022）[11]。

教わっていないエリートプレイヤーたち

ブラジルのサッカー選手を対象とした研究では、

発達初期にエリートアカデミーに所属し、構造的・専門的な指導を受けていたタレントはそれほど多くないという報告が数多くなされています。

あるインタビュー調査によると、ブラジル人プロサッカー選手の多くは、家庭の経済的な理由でエリートアカデミーどころかサッカークラブに在籍した経験すらなく、街中でのペラーダや外遊び（木登り、湖で泳ぐ、など）で多くの時間を過ごしていたそうです（Ueharaら、2018）[19]。ペラーダはもともと「裸足」を意味する言葉ですが、ここではストリートサッカーを指しています。路上、公園、庭、空き地、フットサルコート、クアドラ（金属のフェンスで囲われたコンクリートのコート）などで行われる、コーチのいない非構造的遊びです。

ブラジルでは14歳前後になると、優秀な選手はサッカー連盟に加盟しているプロクラブにスカウトされて、指導者の下で専門的なトレーニングを積むことになるそうです。しかし、名門クラブとして名高いサンパウロのアカデミーに所属するエリートのユースプレイヤーを対象とした調査は、彼らがスカウトされるまでの多くの時間をストリートサッカーに費やしていたと報告しています（Ueharaら、2018）[19]。

ブラジル人の16〜17歳のエリートプレイヤーを対象とした別の調査も、多くの選手がスカウトされる前は、スポーツ組織によってプログラムされた指導をほとんど受けておらず、逆にストリートサッカーの経験は豊富だったと指摘しています（Salmela & Moraes、2004）[20]。

こうした傾向は最近のトレンドではなく、ペレの少年時代（１９４０〜50年代）にも、ジーコの少年時代（１９５０〜60年代）にも同じような傾向があったと報告されています（Araújoら、2010）[21]。

以上の話を踏まえると、今も昔もブラジルのエリートプレイヤーたちの多くは、発達期の途中にスカウトされるまで、サッカーを教わった経験をそれほど持っていないということになります。つまり早期専門化モデルの主張に反しているわけです。

自然な制約主導アプローチ

ブラジルのエリートプレイヤーたちは、全般的にストリートサッカーの経験が豊富なようです。単なる遊びにしか見えないペラーダから世界的に見ても優れたプレイヤーが生まれつづけてきた理由は、エコロジカル・アプローチや制約主導アプローチのエッセンスが内包されていることだと指摘する研究もあります（Ueharaら、2018／Araújoら、2010など）[19,21]。

制約主導アプローチの五つのプリンシプルを思い出してください。「代表性」「タスク単純化」「機能的バリアビリティ」「制約操作」「注意のフォーカス」の五つです。第2章ではこれらのプリンシプルを反映させた、激しい制約操作＋スモールサイドゲームの効果を報告している研究も紹介しました。円形、三角形、四角形のコートで、様々なボール、サーフェス、人数比率で行われた実験です。この実験は何かに似ていませんか？

写真4-2　ブラジルのストリートサッカー

Photo: Getty Images

制約主導アプローチのすべてのプリンシプルを内包しているのが、アスファルト、土、芝など様々なサーフェスの上で、硬いボール、空気が抜けたボール、4号球、5号球、フットサールボールなど様々なボールを使い、5対5、4対4、4対3など様々な人数で、参加者の年齢や性別を問わず※、コートサイズやゴールサイズも様々なストリートサッカーです。この遊びは「繰り返しのない繰り返し」(=制約操作)を内包し、サッカーと類似したアフォーダンスも豊富に存在しているので「代表性」が高いです(写真4-2)。

　ストリートサッカーは自然と「タスク単純化」がなされています。遊びの場となるのは狭小なストリートなので子供の体力でも無理なくプレーでき、基本的には少人数で行うためさほど複雑ではなく、子供の知覚や判断能力でも参加しやすくなっているのです。

ストリートサッカーに指導者はいません。動作を規定する存在はおらず、ボールを蹴って遊んでいる人たちの「注意のフォーカス」は自然と運動の機能に向かいます。それが外的フォーカスです。注意のフォーカスを外側に向けながら、自分の個人制約に合ったユニークなスキルを自由に学習できます。凸凹な地面の上や平らにならされていない砂浜では真っ直ぐドリブルすることすら難しく、様々なボールタッチが自然に求められ、「機能的バリアビリティ」に富むスキルセットが身につきやすいです。

元ブラジル代表監督のルイス・フェリペ・スコラーリは、「なぜ、ブラジルには優秀なサッカー選手が多いのか」という質問に、次のように回答しています。

「ペラーダでは路面は決して平らではなく、時にはボールが手作りで、丸くないこともあります。そのおかげでバリエーションが生まれ、子供たちのボールテクニックが上達するのです」(Wormhoudtら、2017:c)[10]

荒廃した貧困地域からエリートプレイヤーが生まれると、ディスアドバンテージに負けずに大成した美談として語られがちですが、スキルがどのように習得されるか、エコロジカル・アプローチの理論的根拠を知れば、ストリートサッカーが盛んなこうした環境にはスキル習得に貢献する重要な制約が豊富に存在しており、むしろ明らかなアドバンテージになっていることが分かります。また、エリートアカデミーからだけではなく、このような周辺的な場所から優秀で独創的な選手が輩出されつづける歴史をエコロジカル・アプローチが上手く説明してくれているように思えます。

※サンパウロで実施したストリートサッカーのある調査では、参加者の最高齢は60歳で、レベルもアマチュア、元プロ、現役のプロ選手（グレミオ所属）まで様々だった（Ueharaら、2018）[19]。

タレント開発の非線形性

ある競技で獲得した運動能力が別の競技で獲得した運動能力と相互作用し、専門的な運動に結実する。早期多様化を、特にマルチスポーツを推奨するアスレチック・スキルズ・モデルはそう主張しています。タレント開発にはこのような複雑性があるので、学習の進展が時間の経過とは比例しない非線形のプロセスをたどります。

あるスキルの習得が進まずに停滞していた選手が、急激な学習の伸びを見せることもあります。幼少期に養っていた運動能力が、やがて取り組むようになる専門的なトレーニングや発育の進展と相互作用した結果です。

逆のパターンもあります。育成年代に才能を見出されながら、トップアスリートになれなかった選手はいくらでもいます。アメリカ出身のサッカー選手フレディ・アドゥは神童と呼ばれ、14歳の若さでペレと比較されながら、大成できませんでした（Dawson, 2020）[22]。その一方で、マンチェスター・シティで活躍するリヤド・マレズのような選手もいます。マレズはエリートアカデミーに在籍したことはなく、自宅の近所でストリートサッカーに興じながら技術を身につけ、19歳になってから初めてプロクラブのチームでプレーしました（Chowら、2022）[11]。研究者のインタビューに、次のように答えています。

リヤド・マレズ

「外で遊んでいるときに技術を身につけておくと、大きなピッチで大きな選手と一緒にプレーするときに、より有利になります。テクニック、コントロール、ドリブルなどはストリートサッカーで身につけたものです。これらのスキルがあれば、もっと簡単になるんです」（Chowら、2022）[11]

マレズのような選手は極端な例ではありません。複数の研究を通して、早期専門化がジュニア年代での成功につながりやすく（Güllichら、2016）[23]、早期多様化がシニアレベルでの成功につながりやすい（Coutinhoら、2016）[24]ことが明らかになっています。

近年主流となっているタレント発掘プログラムには、学習者の発育段階の筋力、身長、体重、スピード、パワーなどの身体的属性に（その時点で身体が動いている子に）過度に注目し、将来のパフォーマンスを予測する傾向があるようです（Phillipsら、2010）[25]。タレントは発掘するものだという大きな誤解があるのでしょう。

しかし、運動学習の非線形性という性質を前提として考えても、タレントの早期特定に過度に注力するのではなく、タレントの開発がより大きな役割を果たすようにしていくべきです（Chowら、2022）[11]。

環境制約とJapan's Way

タレントの開発について、エコロジカル・アプローチやアスレチック・スキルズ・モデルは次のように主張しています。望ましいのは、マルチスポーツを通じた多様な運動能力の開発であり、その中に、将来のターゲットスポーツとの共通性が多いドナースポーツや、子供たちが自主的に取り組める非構造的遊びが含まれているとさらに良い。

本書ではこうした主張の正当性を論証してきたわけですが、問題がないわけではありません。海外での取り組みには、日本でも真似できるものと真似するのが難しいものが混在しているからです。特定の競技で優秀なアスリートを量産している国や地域を「才能のホットスポット」と称することもありますが、一夜にしてホットスポットになったわけではないのです。

サッカーのホットスポットはブラジルなどですが、それ以外にもクリケットのオーストラリア、アイスホッケーのカナダ、スキーのスカンジナビア諸国、短距離走のジャマイカ、持久走の東アフリカ諸国、ラグビーのニュージーランド、バスケットボールのアメリカなどが挙げられます。こうしたホットスポットができたのは、物理的、歴史的、社会文化的な環境制約の複雑な相互作用の結果です（Ueharaら、2018）[19]。

例えばブラジルのストリートサッカーは、奴隷制度が浸透した階級社会の中で大衆の娯楽として定着したと言われます（Ueharaら、2018）[19]。ブラジルのドライな気候がサッカーをアフォードし（与え、提供し）、広大な空き地や多くのクアドラが自発的な遊びの場となり、ファベーラ（スラム街）の凸凹なサーフェスやビーチが創造的でイレギュラーなプレースタイルを引き出していると考えられます（Araújoら、2010）[21]。

本章の冒頭に記した環境制約が、いかに人の運動を根底から制約しているか。その好例がブラジルのサッカーなのです。第2章で詳しく解説した通り、制約には個人制約、タスク制約、環境制約の3種類がありますが、簡単には変えられないのが物理的、歴史的、社会文化的な制約である環境制約です。当然ながら、環境制約が異なる海外の事例をそのまま日本で模倣しても成果や効果が見込めるか疑問です。

日本の今に目を向けると、大都市圏はストリートサッカーのような非構造的遊びに使える場所が限られています。ボール遊びが禁止された公園も少なくありません。しかも都市部への人口集中の傾向がより強まりもしています。ストリートサッカーをはじめとする非構造的遊びをそのまま輸入するのは難しいというのが現実です。

そうなると、スポーツ組織が担う役割が相対的に大きくなると考えられます。そこでここからは参考にしていけそうな海外の事例を紹介していきます。年単位のマクロな時間スケールのタレント開発に、日本のスポーツ組織がどう取り組んでいくべきか、参考にできるはずです。

実を言えば、都市化による遊びの空間の減少は、ブラジルでも起きています。その影響が大きいのか、サンパウロのような大都市から生まれるエリート選手は減っています。プロ選手の大半は、遊びに使える空間がまだ残っているサンパウロ周辺の田舎や小都市から生まれていると報告している研究もあります（Ueharaら、2018）[19]。

以下は、サンパウロのアカデミーで指導に携わる、ブラジル人コーチのインタビューをその研究論文から抜粋したものです。

質問　「（2014年のワールドカップ・ブラジル大会で、ブラジルがドイツに1－7の大敗を喫したことを受けて）ブラジルのサッカー選手たちは、以前と同じように巧くなっていると思いますか？」

コーチ　「今でも非常に巧いと思いますが、若干の留保はあります。というのも、私たちは二つの大きな過ちを犯しているからです。一つは、都市化の結果、自然な学習環境の欠如により、その身体表現でプレーする文化を失いつつあるからです。もう一つは、そのような自然な学習環境を、私たちの文化を方法論的に理解する資格のないサッカースクールが占有してしまっているからです。その結果、トレーニングが機械化され、自然な形でサッカーを学ぶという本質が失われてしまったのです」

質　問　「都市化は不可逆的で、サッカースクールの数も増える傾向にありますが、知覚・運動能力の高い選手を育てつづけるためには、どうすればいいのでしょうか？」

コーチ　「サッカースクールでのトレーニングに、ペラーダのエッセンスを取り入れることです」（Ueharaら、2018）[19]

著名なブラジル人コーチへのインタビュー調査を通じて、ブラジルの環境制約の変化に迫ったこの研究は、次のように説いています。サッカースクールによる直接的で規定的なコーチングには限界がある。学習者が自分に特有のソリューション（＝運動やスキル）を探索し、発見できる制約主導アプローチが有効な代替案で、その中心形態であるスモールサイドゲームを取り入れる必要があると。

その研究は、次のように主張しています。育成で成功を収めているブラジル人コーチは、ストリートサッカーの要素を頻繁に練習に取り入れている。スモールサイドゲームにもストリートサッカーの要素を取り入れるべきだと。

ストリートサッカーに含まれる要素をまとめた研究もあります（Araújoら、2010）[21]。それによると次の八つがポイントになるそうです。

①形式化されたゲームやトレーニングドリルばかりに頼らない。
②（非構造的遊びのような）楽しみながらできる活動をデザインする。
③動作の探索、発見を促す学習環境を作る。
④学習者が異なる制約（異なる天候下でのプレー、異なる年齢層、性別、人数など）でプレーする機会を作ることで適応的行動を高める。

⑤器具や施設を変える
（練習のための器具や施設、サーフェス、靴、ボールの種類などを変える）。
⑥理想化された目標動作パターンをスキル実行の「方法」として概念化しない。
⑦スキル練習が「繰り返しのない繰り返し」を含むようにする。
⑧練習課題が常にダイナミックで、（従来のスキルドリルなどの）分解がないことを確認する。

この研究で筆者が特に興味深いと感じたのは、ユース年代の選手の育成で大きな成功を収めているサンパウロの某コーチが、練習にラグビーボールを使い、直感的に動作バリアビリティの増加を引き出していたことです。

この某コーチと同じく、ストリートサッカーの不規則なボールの挙動を再現するために、アスレチック・スキルズ・モデルは、ボールの中心にカウンターウェイトを入れたアダプタボール（Adaptaball）を開発しています。

わざわざこのようなボールを開発したのは、ＡＳＭ発祥の地であるオランダでも都市化やストリートサッカーの減少、タレントの均質化といった現象が問題となっているからです。サッカー界のレジェンドで２０１６年に亡くなったヨハン・クライフは、生前、次のように語っていました。

ヨハン・クライフ

「最近、私はオランダのサッカー界における機能的なテクニックの問題についてよく話しています。基本に立ち返れば、この問題の原因の一つは、ストリートサッカーをする子供たちの減少にあると言えるでしょう。かつてのストリートサッカーでは基本的な技術はもちろん、ポジショナルプレーや正確なボディーコントロールなどを子供たちが学んでいました。硬い路上で転倒を防ぐことを学び、狭いグラウンドで動き方やプレーの仕方を学んでいたのです」(Wormhoudtら、2017:b)[10]

このインタビューでクライフは、最近のサッカークラブで育成された子供は、二重の意味で不利になっているとも語っています。早期専門化の弊害で、基礎体力も、創造的なスキルも身につけられずにいるからです。

アスレチック・スキルズ・モデルは、こうした環境制約の変化を受けて、「ストリートでプレーする利点を取り戻す」を中心的な信念としています。そのために構造化されたスポーツ組織で非構造的遊びを再現するための取り組みを進めており、ASMの提唱者であるウォームハウト自身が、オランダのアヤックスで画期的なマルチスポーツプログラムを導入しています。

アヤックスの変革のきっかけとなったのは、クラブ内のユース選手を対象として2008年に実施したアンケート調査です。明らかになったのは、早期専門化の傾向や基礎的動作スキルの低下でした。前述したオリンピアンを対象とする調査では14歳までに平均して2・6〜3・5のスポーツ競技を経験していたのに対し、アヤックスのユース選手は14歳までに約1・7のスポーツ競技しか経験していなかったのです。

この調査結果を受けて、アヤックスのアカデミーの選手は、通常のサッカートレーニングに加えて、陸上、器械体操、遊びと他のスポーツ、柔道の4種で構成されるマルチスポーツプログラムに取り組むようになりました（表4－3）。まずはサッカーに含まれている基礎的動作スキルをはっきりさせて、他のスポーツでそれらを多角的にトレーニングします（ドナースポーツとしての効果）。他方では、サッカーに含まれていない基礎的動作スキルもはっきりさせて、他のスポーツでそれらを補います（マルチスポーツとしての効果）。選ばれたのが、陸上、器械体操、遊びと他のスポーツ、柔道の4種です。

ＡＳＭは、全ての基本的な動作スキルは互いに支え合い、互いに高め合うという哲学を掲げています。その哲学の下で、長期的な運動能力開発と、発達後期からの専門化プログラムを押し進めているのです（Wormhoudtら、2017:d／プログラムの詳細は当該書籍の第9章を参照）。[10]

アヤックスはマルチスポーツプログラムを実践するために、アスレチック・スキルズ・トラックというトレーニングセンターを建設しています。ランニングトラック、アジリティフィー

表4-3　AFCアヤックスのドナー・マルチスポーツプログラム

サッカーの基礎運動スキル	陸上	器械体操	遊びと 他のスポーツ	柔道
バランス	D	D	D	D
転倒	D	D	D	D
取っ組み合い・格闘	—	—	D	D
移動・転位	D	D	D	D
跳躍・着地	D	D	D	—
回転・側転。方向転換	D	D	D	D
投げる・狙う	D	—	D	—
打つ（打球）	—	—	M	—
受ける（捕球）	—	—	M	—
蹴る・シュートする・狙う	—	—	D	D
登る・這う	—	M	M	M
揺れる		M	M	M
音楽に合わせて動く	—	M	M	—

※太字がサッカーに含まれる基礎運動スキル。Dはそのスポーツ（遊び）で学習できるサッカーの基礎運動スキル（ドナースポーツ）。Mはそのスポーツ（遊び）で学習できるサッカーには存在しない基礎運動スキル（マルチスポーツ）。ドナースポーツを通じてサッカーの基礎運動スキルを強化・多様化し、マルチスポーツを通じてサッカーには存在しない基礎運動スキルを補うようなプログラム構成になっている。遊びと他のスポーツは、鬼ごっこやジャグリングのような遊びから、バドミントン、卓球、トランポリン、ダンス、ラクロス、アルティメットフリスビー、フリーランニング、野球、アメリカンフットボール、ラグビー、ハンドボール、バスケットボールなどの様々な競技が含まれる。

出典：Wormhoudt, R., Savelsbergh, G. J., Teunissen, J. W., and Davids, K. (2017d). The athletic skills model: optimizing talent development through movement education. Routledge. d:Chapter 9.

ルド、階段やスロープ、トランポリン、バスケットボールコート、バレーボールコート、プール、アイスホッケーホール、インラインスケート・サイクリング・ハンドバイクのためのレーンなどを備えた複合施設です。

施設の着想は、ウォームハウトがアヤックスのトップチームの選手をしばしば連れて行った「アムステルダムの森」から得たそうです。サッカー選手が動作のバリエーションを増やしていくための、無数のアフォーダンス（環境から与えられる行為の可能性）が得られるように造られています。

エコロジカル・アプローチは前述した通り、あらゆるスポーツのドナースポーツとなりえるパルクールを推奨しています。アカデミーを持つスポーツ組織は、資金的な条件をクリアできるなら、パルクールのトレーニング環境を構築すべきだと提案しています（Buttonら、2020:b）[1]。**写真4－3**はパルクールのために用意されたコースで、掴む、登る、跳ぶ、着地するなど、無数のアフォーダンスが広がっています。こうした環境と交渉しながら、自分の身体で何ができそうか探索し、そうすることで発達後期に取り組む専門的なトレーニングの豊かな土台を形成できると、エコロジカル・アプローチは主張しています。

ヨハン・クライフ財団は２０１７年から、クライフコートを世界各地に開設する取り組みを進めています。クライフコートとは、サッカーなどの球技をはじめ、パラリンピックスポーツ

写真4–3　パルクールのコース

Photo: Getty Images

やレクリエーションを楽しめる多目的スポーツ施設です。様々なタイプのボールや、様々なアクティビティに必要な用具の貸し出しもあり、誰もが気軽に多様な運動を経験できるようにできています。なぜ、このような活動を始め、どのような意図を持っているのか、クライフは次のように語っています。

「子供本人による探索ではなく、一方的に運動を教えられているので、子供は自分の身体をコントロールしにくく、若いスポーツ選手の多くが怪我をしていることが目立っています。どうやら、身体が自分の好まない動きに矯正されるようで、学習しきれていないようなのです。ストリートサッカーを盛り上げたいのはもちろんですが、このコートは多機能なので、他のスポーツもできるんです。子供たちにオールラウンドに身体を動かしてもらおうというわけです。（中略）私が言いたいのは、サッカークラブは身体的な発達の変化を考慮に入れるべきだということです。技術的なトレーニングに加え、才能のある選手にはより多目的な身体教育をすることに重点を置くべきです。学校では一般的な体育の授業は行われなくなり、子供たちの運動量も減っていますから、サッカークラブもこの重要な部分を無視することはできません」（Wormhoudtら、2017:b）[10]

アスレチック・スキルズ・トラックしかり、クライフコートもまたしかりで、かつては自然に存在していた早期多様化に必要な環境を、人為的に造る取り組みが進められているわけです。都市化の進行や、それによるスポーツ参加の機会減少、子供の体力低下といった現象がすでに起きている日本でも、大いに参考にできる取り組みだと考えられます。

子供たちの健康的な身体活動やタレント開発を長期的なスケールで実現してくためには、すでに存在しているスクールやアカデミーといった育成環境だけでなく、子供たちが自主的に豊富なアフォーダンスと戯れることができる、古き良き場を再構築する必要があるのかもしれません。

本書が、日本ならではの環境制約を活かしたJapan's Wayを模索していくヒントになれば、大きな喜びです。

第4章のまとめ

タレントの早期専門化という発達経路に対して、エコロジカル・アプローチやアスレチック・スキルズ・モデルは早期多様化を推奨しています。成長期にマルチスポーツを経験しておくと、多様な運動経験が将来の専門スポーツに役立つ豊かな土台を形成しやすくなるという主張です。マルチスポーツの種目に、将来の専門スポーツと類似した知覚や動作を含むドナースポーツが含まれていると、さらに望ましいと考えられます。

もちろん育成期の話ですから、将来の専門スポーツがまだ分からないという学習者もいるでしょう。自身が好む、または得意なスポーツを見つけるためにも、マルチスポーツを通じた幅広いスポーツ参加や非構造的遊びを経験しておくことが有益です。

制約主導アプローチのプリンシプルを自然と内包している非構造的遊びも、早期多様化につながります。非構造的遊びの一つであるストリートサッカーが盛んなブラジルは、創造的でユニークな名プレイヤーを輩出しています。

表4-4　**早期専門化と早期多様化の対比まとめ**

	早期専門化	早期多様化
スポーツ参加の経路	・**1つの競技に大きなフォーカス**	・**複数の競技から徐々に1つに特化**
スポーツ参加の環境	・**主に専門的なスポーツ組織における指導プログラム（構造的練習）**	・**専門的なプログラム** ・**レクリエーショナルなプログラム** ・**自発的な遊び（非構造的遊び）**
予想される結果	・**競技力向上（育成年代での成功）** ・**燃え尽き症候群、怪我など**	・**競技力向上（シニア年代での成功）** ・**燃え尽き症候群や怪我などの回避** ・**楽しみ・健康・発育** ・**創発性（マルチスポーツの利点）** ・**転移（ドナースポーツの利点）** ・**創造性（非構造的遊びの利点）**

運動学習の非線形性が示している通り、ジュニア年代で成功したアスリートがシニア年代でも成功するとは限りません。早期多様化による長期的なタレントの開発がより大きな役割を果たしていくようにするべきです。

近年は世界的に都市化が進み、子供の体力低下やタレントの均質化という問題の原因となっています。ブラジルやオランダのスポーツ組織はそうした環境変化への対策として、専門的トレーニングに①制約主導アプローチ、②非構造的遊び、③マルチスポーツプログラムを取り入れ、④クライフコートやパルクールコースのような早期多様化の場を構築しています。日本でも大いに参考にできる取り組みです。

早期専門化と早期多様化の違いを一覧表にまとめました（表4-4）。理解の促進や確認にご活用ください。

【第４章の参考文献】

1 Button, C., Seifert, L., Chow, J. Y., Davids, K., and Araujo, D. (2020). Dynamics of skill acquisition: An ecological dynamics approach. Human Kinetics Publishers. a:Chapter 12, b:Chapter 9.

2 Gladwell, M. (2008). Outliers: The story of success. Little, Brown.

3 イングランド・プレミアリーグによるエリート・プレイヤー・パフォーマンス・プラン (2011) : www.goalreports.com/EPLPlan.pdf

4 Gobet, F.,and Campitelli, G. (2007). The role of domain-specific practice, handedness, and starting age in chess. Developmental Psychology, 43(1), 159–172.

5 Simon, H., and Chase, W. (1973). Skill in chess. American Scientist, 61(4), 394– 403.

6 Tucker, R., and Collins, M. (2012). What makes champions? A review of the relative contribution of genes and training to sporting success. British journal of sports medicine, 46(8), 555-561.

7 Macnamara, B. N., Hambrick, D. Z., and Oswald, F. L. (2014). Deliberate practice and performance in music, games, sports, education, and professions: A meta-analysis. Psychological science, 25(8), 1608-1618.

8 Baker, J., Cobley, S., and Fraser - Thomas, J. (2009). What do we know about early sport specialization? Not much!. High ability studies, 20(1), 77-89.

9 Davids, K., Araújo, D., Seifert, L., and Orth, D. (2015). Expert performance in sport: An ecological dynamics perspective. In Routledge handbook of sport expertise (pp. 130-144). Routledge.

10 Wormhoudt, R., Savelsbergh, G. J., Teunissen, J. W., and Davids, K. (2017). The athletic skills model: optimizing talent development through movement education. Routledge. a:Chapter 5, b:Chapter 1, c:Chapter 6, d:Chapter 9.

11 Chow, J. Y., Davids, K., Button, C., and Renshaw, I. (2022). Nonlinear pedagogy in skill acquisition: An introduction. Routledge. Chapter 11

12 Hill, R., McConnell, A., Forster, T., and Moore, J. (2002). The path to excellence: A comprehensive view of development of US Olympians who competed from 1984–1998. USOC, Performance Services Department, United States Olympic Committee, Colorado Springs CO.

13 Oppici, L., Panchuk, D., Serpiello, F. R., and Farrow, D. (2017). Long-term practice with domain-specific task constraints influences perceptual skills. Frontiers in psychology, 8, 1387.

14 Strafford, B. W., Van Der Steen, P., Davids, K., and Stone, J. A. (2018). Parkour as a donor sport for athletic development in youth team sports: insights through an ecological dynamics lens. Sports medicine-open, 4(1), 1-6.

15 Davids, K., Güllich, A., Shuttleworth, R., and Araújo, D. (2017). Analysis of micro-structure of practice and macro-structure of development histories. Routledge Handbook of Talent Identification and Development in Sport, 192.

16 Côté, J., Baker, J., and Abernethy, B. (2007). Practice and play in the development of sport expertise. Handbook of sport psychology, 3, 184-202.

17 Cairney, J., Bulten, R., King-Dowling, S.,and Arbour-Nicitopoulos, K. (2018). A Longitudinal Study of the Effect of Organized Physical Activity on Free Active Play. Medicine and science in sports and exercise, 50(9), 1772– 1779.

18 Memmert, D., Baker, J.and Bertsch, C. (2010). 'Play and practice in the development of sport-specific creativity in team ball sports'. High Ability Studies, 21: 3– 18.

19 Uehara, L., Button, C., Araújo, D., Renshaw, I., and Davids, K. (2018). The role of informal, unstructured practice in developing football expertise: the case of Brazilian Pelada. Journal of Expertise, 1(3), 162-180.

20 Salmela, J. H., and Moraes, L. C. (2004). Coaching, families, and learning in Brazilian youth football players. Insight: The FA Coaches Association Journal 2, 36-37.

21 Araújo, D., Fonseca, C., Davids, K., Garganta, J., Volossovitch, A., Brandao, R., and Krebs, R. (2010). The role of ecological constraints on expertise development. Talent Development & Excellence, 2(2), 165-179.

22 Dawson, M. (2020). Freddy Adu: Compared to Pele at a young age, where is the American now? GiveMeSport. www.givemesport.com/ 1608260-freddy-adu-compared-to-pele-at-a-young-age-where-is-the-american-now

23 Güllich, A., Kovar, P., Zart, S., and Reimann, A. (2016). Sport activities differentiating match-play improvement in elite youth footballers– a 2-year longitudinal study. Journal of Sports Sciences, 13(3), 207-215.

24 Coutinho, P., Mesquita, I., and Fonseca, A. M. (2016). Talent development in sport: A critical review of pathways to expert performance. International Journal of Sports Science and Coaching, 11(2), 279-293.

25 Phillips, E., Davids, K., Renshaw, I., and Portus, M. (2010). The development of fast bowling experts in Australian cricket. Talent Development and Excellence, 137-148.

おわりに

スポーツ科学系の大学院で様々な分野を学んできた私自身、運動学習の本質を、そしてスポーツ指導の本質をここまで深く捉えている理論は、エコロジカル・アプローチの他には知りません。

最初に感じたのは、潔さであり、信憑性です。従来の定説に異を唱える、指導者は直接的にはスポーツ指導を行えないという結論に、潔さと信憑性を感じました。

エコロジカル・アプローチの主張には、思い当たる節も色々ありました。私自身がプレイヤーだった頃に体験していた上達や停滞の理由が、なるほど、そういうわけだったのかと、納得できたのです。

指導者のいない環境でスキルを上達させたことがありました。おそらくは「非構造的遊び」がもたらした上達です。

スキルドリルに傾倒しすぎて、試合中のパフォーマンスを停滞させた時期もありました。「タスク分解」による「代表性」不足です。

フットサルのボールを使って、年上のプレイヤーとプレーしているうちに、飛躍的に上手になっていた経験もあります。知らず知らずのうちに「制約操作」を行っていたわけです。

このような自分自身の実体験が、エコロジカル・アプローチの主張に当てはまっていると知れば知るほど、ますますこの理論に傾倒していきます。

理論的枠組みのエコロジカル・アプローチを学び、実践メソッドの制約主導アプローチを学んでいく過程で、スポーツ指導という職務に対する価値観が劇的に変わりました。良いと思っていたトレーニングがそうではないように見えてきたり、選手の「バリアビリティ」のレベルが観察できるようになっていたり、練習環境に存在している重要な「制約」が見えてきたり、学習者の学習速度が推察できるようになっていたり、「制約」のデザインさえうまくできればサッカー以外の競技の指導もできるのではないかと思いはじめたり、自分自身が変化していたのです。どれもこれも感動的な体験でした。

そんな感動的な体験の数々を周囲の指導者たちに伝え、共有していくうちに、あることに気がつきました。どうやら多くの指導者が、既存の「規定的な」アプローチに疑問を持っているようだと。

ある指導者は、自分が選手時代に獲得した優れたスキルは自分自身で探索し、発見したものだと感じています。ところが指導者に転身してからは、学習者に手取り足取り教えている。そこに矛盾を感じています。

別の指導者は、違和感を覚えています。自分自身は「バリアビリティ」が豊かな選手だったのに、指導者になってからは運動の型ばかり教えているのは、どういうわけかと。指導者たちとそんなやり取りを続けているうちに、こう感じるようになりました。エコロジカル・アプローチは優れたスキル習得理論というだけでなく、日本のスポーツ指導者が欲している、必要としている新たな価値ではないのかと。

大きな可能性も感じました。日本のスポーツ指導に、エコロジカル・アプローチや制約主導アプローチが広く取り入れられ、浸透していくと、スポーツに参加することが格段に魅力的になるのではないか。選手のパフォーマンスレベルを飛躍的に向上させることもできるのではないか――。

本書で紹介したブラジルの優れた「環境制約」は、日本には乏しいです。ストリートサッカーなどの「非構造的遊び」に使える環境や時間も限られています。

しかし、日本には日本にしかない優れた環境制約が息づいています。歴史的、社会文化的な背景を持ち、「同じことを粘り強く繰り返せる」能力です。単調な反復トレーニングの繰り返しを、美学のように追求できる国民性や精神性は、世界広しといえどかなり稀なのではないでしょうか。

繰り返せるこの能力と、エコロジカル・アプローチの「繰り返しのない繰り返し」といった知識が融合したときに、途轍もないパフォーマンスレベルに達するアスリートがあらゆる競技で「創発」される可能性は十分あります。私自身はそう信じています。

日本でエコロジカル・アプローチや制約主導アプローチを広めていくことに、私は大きな意義を感じています。広めていくための活動を、今後も続けていく所存です。

ちなみに、後書きのここまでの記述にカギ括弧をつけて表記している言葉は、いずれもエコロジカル・アプローチへの理解を深めるためのキーワードです。もちろん、これらの用語についても、本書の中で詳しく解説しています。

本書は概説書という位置づけで執筆したため、重要ではあるものの難解な概念のいくつかを割愛しています。また、研究の実験結果も要約して紹介しています。

さらに理解を深めたい読者には、以下の専門書を推薦いたします。

◉「エコロジカル・アプローチ」
DYNAMICS OF SKILL ACQUISITION: An Ecological Dynamics Approach（2020）

◉「制約主導アプローチ」
The Constraints-Led Approach: Principles for Sports Coaching and Practice Design (2019)

◉「非線形ペダゴジー」（本書では制約主導アプローチと同一のものとして扱いました）
Nonlinear Pedagogy in Skill Acquisition-An Introduction-（2022）

エコロジカル・アプローチの関連領域で、第4章で言及したアスレチック・スキルズ・モデルに興味をお持ちの方には専門書の「THE ATHLETIC SKILLS MODEL：OPTIMIZING TALENT DEVELOPMENT THROUGH MOVEMENT EDUCATION（2017）」や、その日本語版である「アスレチックスキルモデル：才能を適切に発揮させる運動教育（2021）」をお薦めします。パフォーマンス・アナリストの方々などには、人間×環境の関係というエコロジカルなスケールでのゲーム分析方法などが記載された「Complex Systems in Sports（2013）」をお薦めします。

本書が、こうしたスキル習得やタレント開発の画期的なアプローチに興味を持たれるきっかけとなれば幸いです。

理論は難解、結論は単純――。前書きにそう記した通り、エコロジカル・アプローチは、〝難解でありながら単純な〟運動学習・スキル習得理論です。ただ、結論はたしかに単純なのですが、実際の学習環境にその結論をデザインするのは容易ではなく、指導者には創造力が求められます。

制約主導アプローチの指導者に求められるのは、それこそ〝創造的なデザイン〟です。五つのプリンシプルを反映させながら、学習者から最高の運動学習やスキル習得を引き出せる、創造的なデザイナーを目指していかなければなりません。

私自身は、周囲のサッカー指導者の実践や、サッカー以外の競技の指導者の実践から、創造力を働かせるための刺激を受けていることが多いと感じています。ぜひ、本書の内容へのご質問、ご意見をツイッター（@FumiyaUeda）でお寄せ下さい。さらには新たなトレーニングアイディアや実践例など、競技を問わず、ご教示いただけると嬉しいです。

植田文也

謝辞

はじめに、本書の監修をして頂きました、『footballista』編集長の浅野賀一さまに厚く御礼申し上げます。『footballista』2022年1月号、3月号にてエコロジカル・アプローチや制約主導アプローチについてコメントする機会を頂いたのをきっかけに、これらのアプローチの書籍化を企画して頂き、執筆を終える今日まで多くのアドバイスを下さったことに感謝しております。日本にこれらのアプローチを広めていこうと活動している私にとって最高の場になったと感じております。

また、本書の編集を担当して頂きました、株式会社EDIMASSの手嶋真彦さまにも厚く御礼申し上げます。私の粗雑で拙い原稿が、内容はそのままに、読みやすく、美しく、理路整然とした文章に変貌していく様に感動すら覚えました。私ひとりではこの難解な題材を解説できなかったと感じるとともに、本書を通じて多くの読者の方々にエコロジカル・アプローチの深い洞察が伝わると確信しております。

最後に、本書の出版に携わって頂きました株式会社ソル・メディアの皆様に心より感謝申し上げます。

◉ 重要用語の英語表記リスト

本書で紹介した重要用語を、英語表記の一覧表にまとめました。
英語の文献でさらに学習される際など、ご活用ください。

重要用語	英語表記
エコロジカル・アプローチ	Ecological Dynamics Approach
適応的複雑系	Complex Adaptive System
制約主導アプローチ	Constraints Led Approach
共適応行動	Co-adaptation
個人制約	Individual(Athlete) Constraints
タスク制約	Task Constraints
環境制約	Environmental Constraints
縮退（ディジェネラシー）	Degeneracy
代表性	Representativeness
タスク単純化	Task Simplification
タスク分解	Task Decomposition
制約操作	Constraints Manipulation
機能的バリアビリティ	Functional Variability
注意のフォーカス	Attentional Focus
内的・外的フォーカス	Internal/External Focus
繰り返しのない繰り返し	Repetition without Repetition
知覚－運動カップリング	Perception-Action Coupling
スモールサイドゲーム	Small-Sided-(Conditioned-)Game
早期専門化	Early Specialization
早期多様化	Early Diversification
構造的練習	Structured Practice
非構造的遊び	Unstructured Play

著　者

植田文也 FUMIYA UEDA

サッカーコーチ（FCガレオ玉島）、スキル習得アドバイザー（南葛SCアカデミー）、スポーツ科学博士。早稲田大学スポーツ科学研究科博士課程、ポルト大学スポーツ科学部修士課程にてエコロジカル・ダイナミクス・アプローチ、制約主導アプローチ、非線形ペダゴジー、ディファレンシャル・ラーニングなどの運動学習理論を学ぶ。 Twitter:@FumiyaUeda

エコロジカル・アプローチ

「教える」と「学ぶ」の価値観が劇的に変わる新しい運動学習の理論と実践

2023年3月13日　第1刷発行
2024年1月25日　第3刷発行

著者　植田文也

発行者　利重孝夫
発行所　株式会社ソル・メディア
〒105-0003　東京都港区西新橋2-23-1　3東洋海事ビル　9F
電話　☎03-6721-5151（販売）

装丁　渡邊民人（TYPEFACE）
本文デザイン　出村美幸
プロデュース　浅野賀一（footballista）
編集　手嶋真彦（株式会社EDIMASS）
編集協力　中村虎ノ介（footballista）
印刷・製本　株式会社シナノパブリッシングプレス

ISBN978-4-905349-69-3